新　潮　文　庫

この人を見よ

ニ　ー　チ　ェ
西 尾 幹 二 訳

新　潮　社　版

4410

序言

一

私の予測では、近いうちに、私はかつて人類に課せられた要求の中でも最も困難な要求を人類に突きつけなければならなくなる。それだけに、そもそも私が誰であるのかを言っておくことが、必要であるように思われる。こんなことは私が言わなくても、世間の方で知っていてよいことであろう。私が自分を「身元不詳のままに放置」しておいたわけではないのだから。それはそうなのだが、私の課題は大きいのに私の同時代人は小さく、両者の関係が不《ふ》釣合《つりあ》いであるために、結局、私の言を聴く者はなく、私の書いたものに誰《だれ》も目を向けさえもしないという事態に立ち至ってしまった。私は自分で振り出した信用《クレジット》借入金を当てにして生きているようなものだ。ひょっとしたら私が生存しているということ自体が、私の独りよがりにすぎないのでは？……夏にオーバーエンガディーンにやって来る「教養人」の誰か一人を摑《つか》まえて私が話し掛けてみさえすれば、それは分る。そうすれば、私は自分が生存していないのだな、と得心がいく。……以上のような次第であるから、本来なら私の習慣に反しさらにまた私の本能の誇りにも反していることではあるのだが、次のように言う義務が私にはあるのである。すなわち、吾が言を聴くべし！　吾はかやうしかじかの人間なれば也。何よりもまづ吾を取り違へ給ふな！　と。

二

例えば、私は断じて張子のお化けの類《たぐ》いではない。断じて道徳の怪物ではない。——それどころか、私はこれまで有徳の士として崇《あが》められて来た種類の人間とは生まれつき正反対の人間でさえある。打ち明けて言うが、ほかならぬこのことが、どうやら私の誇りの一つになっているらしい。私は哲学者ディオニュソスの弟子である。聖者になるくらいなら、いっそ半人半獣神《サテュロス》になる方がましという人間だ。が、それはそうとして、ひとまずこの本をお読み頂きたい。多分、成功を収めた書物と言ってよいであろう。この本は思うに、今述べた対立（訳注　有徳の士かその正反対か、また聖者か半人半獣神かの対立）を、明朗豁達《かったつ》な、しかも人情の機微を心得た書き方で表現したという以外にさしたる意味のない一書ではある。この本の中に私はこんなことを書いてはいない、と今一番お約束できることといえば、人類を「改善すること」であろう。私の手によってはいかなる新しい偶像も打ち建てられてはいないのだ。古い偶像の方は、粘土造りの脚で歩くのがいかに覚《おぼ》束《つか》ないかを思い知るがよいであろう。偶像（私の言葉でいえば「理想」）を打ち倒すこと――これはもうずっと前から私の生業《なりわい》の一つとなっている。何か一つの理想の世界が虚構されたときには、その分だけ、現実の世界の方でそれの持つ価値、意味、真実性を奪われているのである。……こうして「真の世界」と「仮象の世界」との対立(1)が生じたのではあるが――はっきり言っておくが、「真の世界」と呼ばれて来たものが虚構された世界なのであり、「仮象の世界」と言われて来たものが、現実の世界なのだ。……理想という嘘《うそ》がこれまで現実の世界の上に蔽《おお》いかぶさっていた呪《のろ》いであった。この嘘によって人類自体がいつしか本能の一番奥底の隅々《すみずみ》に至るまですっかり出《で》鱈目《たらめ》になり、まやかしになってしまったのである。――揚句の果てに、人類に繁栄と未来と未来への高い権利とをはじめて保証してくれるであろう諸価値とはまったく逆の諸価値を、人類はついに崇め奉《たてまつ》っているという有様である。

三

――私の著作の空気を吸うことを心得ている者は、それが高山の空気であり、強烈な空気であることを知っていよう。読者はこの空気に向く人間にあらかじめ創《つく》られていなければならない。さもないと、この空気に当てられて風邪をひく危険は決して小さな危険とはいえない。氷はま近だ。孤独は凄絶《せいぜつ》としている。――それなのに、万物は光の中に何と平静に横たわっていることであろう！　何と自由に呼吸が出来ることであろう！　何と多くのものが自分の足の下にあるように感じられることであろう！――私がこれまで理解し、身を以《もっ》て生きて来た哲学とは、氷と高山の中を自ら進んで生きることであり――存在の中にある異様なものや怪しげなもののいっさいを、すなわち道徳によってかねて追放されていたもののいっさいを、捜し出すことであった。私は禁断の領域をこのように遍歴した永年の経験から、これまでに道徳化や理想化を引き起こして来た諸原因を、大方の世間が期待する処《ところ》とはまったく違った見方で見ることを学んだ。すなわち哲学者たちの裏面史、その高名な人々の織りなす心理学が、私からみて白日の下に曝《さら》されるに至ったのだ。――一つの精神はどれだけの真理に耐え、またどれだけの真理を敢て試みるか？　ということが、私にとってはますます価値の本当の物指しとなって来た。錯誤（――すなわち理想の信仰――）とは、盲目のことを言うのではない。錯誤とは臆病に外ならない。認識におけるあらゆる獲得、あらゆる前進は、勇気によって生じる、すなわち自己に対する酷薄さ、自己に対する清潔さから生じる。……私はさまざまな理想が存在することを否定しようとは思わない。私はただそれらに出会うと手袋を塡《は》めるだけである。……「われらは禁断のものを求むるなり」Nitimur in vetitum（訳注　オウィディウス『恋愛歌』三、四、一七）。この旗印しの下にいつか私の哲学が勝利を収める日も来るであろう。なぜならば、これまではいつもただ、真理だけが原則的に禁じられて来たのだから。――

四[2]

私の著作の中では私のツァラトゥストラが独自の位置を占めている。私はこの一作を以て、人類に対し、これまで人類に与えられた中での最大の贈り物を捧《ささ》げたことになるであろう[3]。数千年の彼方《かなた》にまで響く一つの声を持つ同書は、この世に存在する最高の書、文字通り高山の空気を湛《たた》えた書というだけにとどまらない。――人間という事実全体がこの書の途轍《とてつ》もなくはるか下の方に横たわっているのだが――これはまた、真理の奥底にひそむ豊饒《ほうじょう》潤沢の中から誕生した最深の書であり、その中へ釣瓶《つるべ》を下ろせば、必ずや黄金と善きものとが満載して汲《く》み上げられて来る一つの無尽蔵の泉である。ここで語り出しているのは「予言者」ではない。宗団の教祖と呼ばれる、あのおぞましい病気と権力意志の合いの子の類いではない。人はすべからくツァラトゥストラの口から洩《も》れ出る調子、長閑《のどか》な凪日和《なぎびより》の(4)（halkyonisch）調子に、正しく耳を傾けなければならない。彼の叡智《えいち》の示す意味を乱暴に取り違えることがないように。「嵐《あらし》を引き起こすのは、最も静寂な言葉だ。鳩《はと》の脚で歩んで来る思想が、世界を左右する。――」（訳注『ツァラトゥストラかく語りき』第二部「最も静かなる時」より）

無花果《いちじく》の実が木から落ちる。それはみずみずしい、甘い果実だ。落ちるときに、その赤い皮は破れる。私は熟れた無花果の実を吹き落す北風だ。

わが友よ！　君たちの許《もと》へ、わが教えもさながら無花果の実のように落ちかかる。君たちはその汁《しる》を吸い、そしてその甘い果肉をすするがよい！　あたり一面は秋だ。澄んだ蒼天《そうてん》、そして午《ひる》さがり――（訳注『ツァラトゥストラかく語りき』第二部「至福の島々で」冒頭）

ここで語っているのは狂信家《ファナティカー》ではない。どんな「説教」もここでは行われていないし、どんな信仰もここでは求められてはいない。無限の光の充溢《じゅういつ》と幸福の深みから、一滴一滴が、一語一語が、滴《したた》り落ちて来る。——愛情のこもった緩やかな調子こそがここでの語りのテンポである。このようなテンポは選《え》り抜きの人士の耳にしか届かない。ここで聴き手になれるということは、類例のない特権なのだ。ツァラトゥストラに対し聴く耳を持つということは、誰にでも許されているわけではない。……が、それにも拘《かか》わらず、ツァラトゥストラは一個の誘惑者ではあるまいか？……彼が自分の孤独の中へはじめて再び戻《もど》って行くとき（訳注　『ツァラトゥストラかく語りき』第一部最後の節「贈与する美徳」を語り終ったとき）、彼は自らどういうことを語っているか。およそ「賢者」とか「聖者」とか「世界の救済者」とか、その他のデカダンの徒がそうした場合に口にするようなこととは正反対のことを、彼は語っている。……ツァラトゥストラがこれらの連中と異っているのは語り口だけではない。彼のあり方が異っているのだ。……

　わが弟子たちよ！　私はいま独りで立ち去ろうとしている！　お前たちも今や立ち去るがよい。各々《おのおの》が独りで！　かく私は要求する。
　私を離れて去れ、そしてツァラトゥストラに対し自己防禦《ぼうぎょ》せよ！　さらに一層良いことは、ツァラトゥストラを羞《はずか》しいと思うことだ！　ひょっとすると彼はお前たちに一杯喰《く》わしているのかもしれない。

認識の人間は己れの敵を愛することが出来るだけでなく、己れの友を憎むことも出来なくてはならぬ。

いつまでも弟子のままでいることは、師に報いる所以《ゆえん》ではない。なぜお前たちは、私の花冠を毟《むし》り取ってしまおうとしないのか。

お前たちは私を尊敬している。だが、いつの日かお前たちの尊敬の念が覆って、しまったら、どうするのか？　倒れる立像に押し潰《つぶ》されぬように気を付けるがよい！

お前たちはツァラトゥストラを信じている、と言うのか？　だが、ツァラトゥストラが何だというのだ！　お前たちは私の信者である。だが、そもそも信者などというものが何だというのだ！

お前たちはまだお前たち自身を探し当てなかった。探し当てないでいるうちに、私を見出《みいだ》した。信者というものはみなそうする。だから信ずるということはつまらぬのだ。

今、私はお前たちに命令する。私を見失い、お前たち自身を発見せよ。お前たちがこぞって私を否定したとき、はじめて私は、お前たちの許に戻って来よう。……

フリードリヒ・ニーチェ

（訳注　『ツァラトゥストラかく語りき』第一部「贈与する美徳」の三）

目次

この人を見よ

人はいかにして自分自身になるか

この完璧《かんぺき》な日、葡萄《ぶどう》だけが褐色《かっしょく》に色づくのではなく、すべてのものが熟れかかっているこの良き日に、まさに一筋の陽《ひ》の光が私の人生に射《さ》し込んで来た。私は来《こ》し方を顧み、行く末を慮《おもんぱか》った。私はかくも多くの物事、かくも良き物事を一時《いちどき》に偲《しの》んだことはなかった。私が本日（訳注　一八八八年十月十五日、ニーチェ四十四歳の誕生日）、私の第四十四年目の一年間を埋葬したのは理由のないことではない。私にはこの一年間を埋葬することが許されていた。――この一年において生命であったものは、すでに救い出されていて、不滅となっているからである。あらゆる価値の価値転換の第一書、ツァラトゥストラの歌、鉄槌《てっつい》で哲学するわが試みの、偶像の黄昏《たそがれ》(6)――これらはことごとくこの一年の、しかもその最後の三カ月に、私に与えられた贈り物であった！　どうして私は私の全生涯に感謝しないでおられよう？　かくて、私は私の生涯《しょうがい》を、私自身に語り聞かせることとする。

*　　*　　*

なぜ私はかくも賢明なのか

一

私という存在の幸福、おそらくは他に例のないその独自性は、持って生まれた次のような宿命に根ざしている。すなわち、謎《なぞ》めいた形でこれをいえば、私は私の父としてはすでに死亡し、私の母として今なお生き延び、齢《とし》をとりつつあるということである（訳注　ニーチェの父の死一八四九年、享年三十六歳。母の死一八九七年、享年七十一歳）。このような二重の素姓、いわば生命の梯子《はしご》の一番上の段と一番下の段に発する素姓、衰頽者《デカダン》であって同時に物事の始まりでもあるということ――もしも私の特徴をなしている生の全般的問題に関連してのあの中立性、あの党派からの自由を説明し得るものがあるとしたら、まさにこれを措《お》いて他にない。私は上昇と下降の兆候に対して、これまで誰《だれ》も持ったことのないほどの精妙な嗅覚《きゅうかく》を有している。この点にかけて私はずば抜けた教師である。――私は上昇と下降の兆候の両方をよく知っている。私自身が両方なのだ。――私の父は三十六歳で死亡した。

父はもの柔らかで、人なつこく、ひ弱で、まるで束《つか》の間《ま》の生を通り過ぎるために生まれて来たような存在だった。――父は現実に生きていたというより、むしろ生きていたことを懐《なつか》しく思い出させるために存在していたような人だった。父の人生が下降し始めたのと同じ年齢で、私の人生も下降し始めた。すなわち三十六歳の年に私は生命力の最低点に突き当った。私は依然として生き延びてはいたけれども、目の前の三歩先も見通せない有様だった。その頃《ころ》――それは一八七九年であったが――私はバーゼル大学の教授職を辞任し、夏の間ずっとサン・モーリッツでさながら影のように暮し、翌年の冬を、これはわが生涯で最も日の光に恵まれない冬ではあったが、ナウムブルクで影そのものとして過した。このときが私の極小点であった。『漂泊者とその影』はこの間に出来あがった。疑いもなく、私は当時影というものに通暁《つうぎょう》していたのだ。

……翌年の冬、私がジェノヴァで過した最初の冬だが、血液と筋肉が極端に乏しいことがほぼ原因で引き起こされるあのすべてを甘美にし霊的にしてしまう状態が、『曙《しょ》光《こう》』を産み出した。この作品に反映している一点の曇りもない明るさと快活さ、精神の漲《みなぎ》り溢《あふ》れる有様は、私の場合においては、最低の生理学的弱さと両立するだけではなしに、過度の苦痛感とさえ折り合っている。三日間もひっきりなしにつづく頭痛とうんざりするような粘液の吐瀉《としゃ》がもたらす拷問的責苦《ごうもんてきせめく》のさ中にあっても――私はずば抜けた弁証法家的明晰《めいせき》さを具《そな》えていた。身体の具合がもっと良いときの私だと、十分な巧妙さも冷静さもかえって持つことが出来ず、そのため攀《よ》じ登って行く気にはとてもなれないような事柄《ことがら》を、私はきわめて冷血的に考え抜いた。私の読者なら、私がどれほどまでに弁証法というものをデカダンスの徴候と看做《みな》しているかを、おそらくご存知であろう。例えばこのうえなく有名な場合、ソクラテスの場合にもそう看做していることを。――病気が原因で知性が乱れるということ、否《いな》、熱が高くて半昏《はんこん》睡《すい》状態に陥ることでさえ、今日までの私にはまるきり無縁の事柄であった。こういうことがどういう性質を具えどの程度頻繁《ひんぱん》に起こるかについて、私はものの本を通じてやっと学び知らなくてはならない始末だった。私の血はゆったりと流れているのである。私を診察して熱があると確かめることが出来た者はついぞいない。ある医者は、私を久しく神経病患者として扱って来たが、とうとう次のように言った。「間違えていました！　貴方《あなた》の神経は何ともありません。私自身が神経質になっていただけです」と。私の身体の何処《どこ》か一部が局所的に衰弱退化するなどということは、絶対にない。例えば、胃がどんなにひどく痛んでも、器官の故障が原因で起こった胃痛を私は知らない。勿論、全身疲労の結果として、胃の組織のひどい衰弱が起こるということはあるにしてもだ。眼病にしても、盲目になるのではと危ぶまれることも再三ならずあったが、全身疲労の結果にすぎず、眼《め》の器官に原因があったのではなかった。その証拠に、全身の生命力が増大して来るにつれ、視力も増大した。――私の場合、病気からの回復というのは、長い、余りに長い歳月の経過を意味している。――が、同時にまた回復とは、残念ながら一種のデカダンスの再発、悪化、周期的反復をも意味しているのである。これだけ言えば、私がデカダンスの問題にかけてはベテランであることを今さら言う必要もあるまい。私はデカダンスという語の綴《つづ》りを前からも後からもじっくり吟味した。およそ手で摑《つか》んでみてはじめて骨《こつ》を会得《えとく》するあの金銀線細工流の技術にせよ、ニュアンスを感得するあの指にせよ、「見えない処《ところ》を見る」あの心理学にせよ、その他私が特技としている事柄は、病苦の時期にはじめて習得したものなのであって、あの時期の固有の贈り物である。病苦の時期にはわが身における何もかもが洗練された。観察それ自体だけでなく、観察の全器官も洗練されたのである。病者の光学から一段と健康な概念と価値を見渡し、また、これとは反対に豊富な生の充実と自信とからデカダンス本能の秘《ひそ》かな営みを見下すということ――これが私の最も歳月をかけた修業であり、私のほんとうの経験であって、もし私が何らかの点で達人になったのだとすれば、それはこの点においてであった。私は今やこの点をしっかり手中に収めている。物の見方を切換えることにかけては私はお手のものである。おそらく私にだけ、そもそも「価値の価値転換」などということが可能になる第一の理由は、ここにある。——

二

以上のような次第で、私は一個のデカダンなのであるが、それとはまた別に、私はデカダンの正反対の者でもあるのである。その何よりの証拠は、ただ単なるデカダンであれば、心身の悪い状態にあるときに自分に不利な措置を講じるのが常であるのに、私は反対に悪い状態に逆らって本能的にいつも適切な措置を講じて来た、ということである。全体として見ていけば、私は健康人であった。ただ私の中の一隅《いちぐう》だけを、特殊な部分だけを取り立てて見ていくと、私はデカダンなのであった。慣れた生活環境から敢《あえ》て離脱して絶対の孤独へ入って行こうとする私のあのエネルギー、もうこれ以上他人《ひと》さまの世話にはなるまい、看護は受けまい、医療も施してはもらうまいとするわが身に課したあの無理強制——こういったことは、あの頃（訳注 一八七九年以後の病苦の時代）何がとりたてて必要であったのかを、私が本能的に、無条件に、確然と知っていたことを遺《い》憾《かん》なく示している。私は私自身をしっかり手中に収めていた。私は自分自身を再度健康にした。こんなことがやってのけられる条件は——心理学者なら誰でも承認しようが——根が健康であるということなのだ。典型的に病弱な人間は健康になることは出来ない。ましてや自分で自分を健康にすることなど思いも及ばない。ところが、典型的に健康な人間にとっては、反対に、病気であることが生きること、より多量に生きることへの強力な刺戟にさえなり得るのである。実際こんな風に、今から考えると、あの永かった病苦の時代が私には偲《しの》ばれて来る。私は生をいわば新しく発見したのである。勿論、私自身の生をも含めて。私は他の人々ならそう簡単には味わえそうもないようなすべての良い物事、小さな物事までをも、味わいつくした。——私は健康への意志、生への意志から、私の哲学を作り出した。……私の生命力が最低点に突き当ったあの数年（訳注　一八七九年以後の数年）が、ほかでもない、私がペシミストであることをやめた時期であったということに、どうかご注目いただきたい。自己再建の本能が私に貧困と落魄《らくはく》の哲学を禁止したせいだった。……ところで、人間ひとりの出来の良さというのは、結局の処どの点で見分けがつくものなのであろうか。およそ出来の良い人間は、われわれの感覚に心地良さを与えるのであり、また堅く、しなやかで、同時にいい香りのする木材で彫り上げられているのである。こういった点で見分けがつくのであろう。出来の良い人間は自分の養分になるものだけを美味と感じる。養分になる限度を踏み越えると、彼の嗜好《しこう》も、彼の食欲も消えてしまうのだ。障害を受けても、それに合う応急処置をすぐに言い当てる。彼はさまざまな不利な偶然を自分の利得になるように利用し尽くす。彼に死をもたらすものでない限り、何でもかえって彼を強化する結果となる。彼は自分が見たり聞いたり経験したいっさいのものの中から、本能的に集めて自分の総額を作り出す。彼は一つの選択の原理であり、これにより多くを篩《ふる》い落す。彼が交渉を持つ相手が書物であろうと、人間であろうと、風景であろうと、つねに彼は自分の仲間社会の中にいる。つまり、彼が選択し、仲間に入れることを彼が承認し、そして彼が信用することが、相手に対する彼の敬意の表し方だと言ってもよいのである。どんな種類の刺戟《しげき》にも彼は緩やかに反応する。この緩やかさは、永年の慎重さと自ら求めた誇り高さのために、自然に彼の身についたものなのだ。――近寄って来る刺戟を彼は吟味するのであって、自ら進んで彼が刺戟を求めることはない(7)。彼は「不運」であるとか「罪」であるとかいったものをおよそ信じない。自分に対しても、他人に対しても、そのつどきちんと決着をつける。つまり、彼は忘れることを心得ているということだ。――彼の手にかかると何でもかんでも彼の利益にならざるを得ないほどに、彼は強靭《きょうじん》な存在なのである。――もうお分りであろう。私はデカダンの対蹠者である。なぜなら、以上述べ立てて来たことは、ほかでもない、この私自身のことなのであるから。

三[8]

以上のような二系列をなす経験、一見別々と思われる二つの世界のどっちへでも近寄れるということが、何ごとにつけ私の性質の中に繰り返し現れている。——私は二重人格者なのだ。第一の顔のほかに、さらに《第二の》顔も持っている。そして、ことによったら第三の顔まで持っているかもしれない。……すでに私の血筋からして言えることだが、私には自分の生まれた地方であるとか国であるとかに制約されたパースペクティヴを越えてものを見る視野が、恵まれているのである。一個の《良きヨーロッパ人》になることなど、私としては何の苦労もない。それでいて、今どきのドイツ人、つまりただの帝国ドイツ国民がそうであり得るよりも、私の方がひょっとするとずっとドイツ人らしいのかもしれない。——最後の反政治的なドイツ人であるこの私の方が。しかも、私の祖先はポーランドの貴族であった。そこから私は多くの種族本能を身に受け継いでいるし、それどころか、誰《だれ》も知るまいが、《自由な拒否権》liberum veto（訳注 ポーランド議会に特有の、一人でもできる議案拒否権）までも受け継いでいるのである。私はしばしば路上でポーランド人と思われて話し掛けられ、しかもポーランド人自身からそうされるのであって、ドイツ人と思われることが滅多にないということを考えてみると、私はドイツ人の血をまだらにしか受けていない、そういうドイツ人の一人にすぎないように思われて来るのである。しかし、私の母フランツィスカ・エーラーはとにかく非常にドイツ的な人柄であったし、父方の祖母エルトムーテ・クラウゼもそうであった。この祖母は若い時代をずっと古き良きヴァイマルの真中で過していて、ゲーテをめぐる人々の環《わ》ともつながりがないわけではなかった。彼女の兄であるケーニヒスベルク大学の神学教授クラウゼは、ヘルダーの死後、管区総監督牧師としてヴァイマルに招かれた。さらにその母、つまり私の曾祖母《そうそぼ》が、若きゲーテの日記の中で《ムートヘン》という名で出てくる女性だということは、満更でたらめでもない。祖母はアイレンブルクの教区監督ニーチェと再婚した。一八一三年という大戦争（訳注　ライプツィヒの戦のこと）の年の、ナポレオンが幕僚を従えてアイレンブルクに入城した十月十日に、彼女は一人の子を分娩《ぶんべん》した。彼女はザクセン人であったから大のナポレオン崇拝者であった（訳注　ザクセンは当時ナポレオンの同盟国であった）。だから私もナポレオン崇拝者なのかもしれない。こうして一八一三年に生まれた私の父は、一八四九年に死亡した。父はリュッツェンからほど遠からぬレッケン教区の牧師職を引き受けたが、そうなる前に、数年間、アルテンブルクの城内で暮らし、そこの四人の王女たちの教育係をした。教え児《ご》の王女たちは後のハノーヴァー王妃、コンスタンティン大公妃、オルデンブルク大侯妃、それにザクセン・アルテンブルクの王女テレーゼである。私の父はプロイセン王フリードリヒ・ヴィルヘルム四世に対する深い忠誠心に満ちていた。父が牧師の職を得たのもこの王からである。だから一八四八年の出来事（訳注　いわゆる三月革命のこと）は父を極度に悲しませた。私自身は、この王の誕生日、つまり十月十五日に生まれたので、当然のことのように、フリードリヒ・ヴィルヘルムというホーエンツォレルン家の名前を頂戴したのである。いずれにせよ、この日を選んで生まれたことには、一つだけ取《と》り柄《え》があった。すなわち私の誕生日は子供時代を通じてずっと国の祭日でもあったのだ。——こんな父を持ったことを私は大きな特典だと思っている。——その他に私が特典として持っているいっさいのものは——生、生への大いなる肯定は勘定に入れないが——この一つの特典でことごとく説明できるようにさえ私には思われる。とりわけ、高雅繊細な物事の世界へ思わず這《は》入《い》って行くのに、私は何ら計画する必要がなく、ただ待ってさえいればそれでいい、といった特典などがその一つである。私はそういう世界にいるときは気持がくつろぐし、私の最も奥深い情熱はそういう世界ではじめて自由になるのである。このような特典を守るために、私がほとんど生命を代償に支払って来たとしても、それでもたしかに高価な取引きとはいえない。——幾らかでも私のツァラトゥストラが理解できるためには、誰しもおそらく私と似た条件を具《そな》えていなくてはなるまい。

――すなわち片足だけは生の彼岸に置いているという……。

四

私は他人《ひと》に反感を持たれるようにする術《すべ》がどうしても呑《の》みこめない。――この点も私が比類のない父から受けた恩恵である――、反感を持たれた方がよほど有難《ありがた》いと思われた場合でさえ、そうはならなかった。それどころか、はなはだ非キリスト教的に聞こえるかもしれないが、私が自分で自分に対し反感を抱いたことさえついぞないのだ。私の生活の表も裏もとくと調べてみて頂きたい。誰かが私に悪意を抱いていたという痕跡《こんせき》は、私の生活の中では、まったく滅多に、ただ結局の処は一回だけしか[9]見当らないであろう。――これに反し、好意を受けたという痕跡なら、ひょっとすると多すぎるくらい見付かるかもしれない。……附き合う相手の誰にでもいやな思いを与えるような連中でさえ、私が附き合ってみると、例外なく、彼らのいい面を発揮するようになる。私はどんな熊《くま》でも手なずける。剽軽者《ひょうきんもの》でもお行儀良くさせる。バーゼルの高等学校《ペダゴーギウム》の最上級でギリシア語を教えた七年間に、私は生徒に罰を課する機会を一度も持たなかった。最も怠惰な生徒でさえ、私の許《もと》では勤勉であった。私はどんな偶然をもつねに切り抜ける力を具えている。自分の力を自由自在に発揮するのに、何の準備も必要とはしない。たとえどんな楽器でも、どんなに「人間」という楽器が調子はずれであろうとも——私は自分が病気でさえなければ、必ずその楽器から、傾聴するに値する音色を引き出すことに成功したものだ。そして幾度となく私は、楽器自身から、自分がこんなにもいい音色を出せるとは自分でも気がつかなかった、と聞かされたものだった。……なかでもおそらく最も美しい音色を出したのは、あの許し難いほどに若くして死んだハインリヒ・フォン・シュタインであった。彼はかつて念入りに許可を求めた上で、三日を限ってジルス・マリーアに姿を現わし、会う人ごとに、自分はエンガディーンの観光のために当地に来たのではないと説明していた。大変に秀《すぐ》れた人物だが、プロイセンの地主貴族《ユンカー》に特有の猪突《ちょとつ》猛進型の単純さでヴァーグナーの泥沼《どろぬま》に塡《は》まり込んでいたが（——おまけにデューリングの泥沼にも！）、ジルス・マリーア滞在の三日間で、まるで一陣の自由の突風に打たれ人が変ってしまったかのごとく、にわかに自分の頭の上へ持ち揚げられ、翼を得て飛び立った人のようであった。私は彼に、こうなったのも当地の高山の良い空気のせいでしょう、誰でもこういう調子になるものなのですよ、バイロイトより六千フィート高い処にいるのも無駄《むだ》ではないわけです、とつねに言ったものだが——しかし、彼は私のこの言葉を信じようとはしなかった。……こうしたことがあったにも拘《かか》わらず、私に対して大小さまざまの良からぬ仕打ちが加えられたりしたが、それは相手の「意志」に基くことではなく、まして相手の悪意に基くことなどではまったくなかった。それどころかむしろ、――先ほど暗示した通り――私は私の人生に少からぬ不都合をもたらした相手の好意というものに、もし出来れば苦情を申し立てずにはいられないほどなのだ。私はいろいろな経験を嘗《な》めていて、いわゆる「無私の」衝動に関して、また何かというと助言やら協力やらをしたがるなべての「隣人愛」に関して、総じて信用しないでもよろしいという一つの権利を与えられている。私に言わせれば、「隣人愛」などというものは、もともとが弱さであり、刺戟に対する抵抗不能症の個別のケースにすぎない。――同情が美徳よばわりされるのはただデカダンの徒の間においてだけである。同情する人間を私が非難するのは、ややもすると恥じらいの心、畏《おそ》れの念、自他の間の隔たりに対する細やかな感情が彼らからは失われ、同情がたちまちにして愚衆臭いにおいを放ち、不作法との見境がつかなくなってしまうからであり、――また、同情の手が一個の偉大なる運命、傷手《いたで》を負うた孤独、重い責務を背負っているという特権の中にまで差し延べられると、時と場合によっては、かえってそれらを破壊してしまうことさえあるからにほかならない。同情の克服を私は高貴な徳の一つに数えている。私が『ツァラトゥストラの試練』(10)として創作したある場面を見てもらえればそれは分るであろう。

救いを求める大きな悲鳴が彼の耳に聞こえて来て、同情が最後の罪であるかのように彼の身を襲い、彼を彼自身から離反させようとするあの場面である。ここにおいて自分をあくまで失わぬこと、さらにまた、いわゆる私心を離れた行為の中に蠢《うごめ》くはるかに低級で近視眼的な衝動に染まらぬように、ここにおいて自分の使命の高さを守り抜くこと、これこそが、ツァラトゥストラのような人物が受けなければならない試練、おそらくはその最後の試練——彼の力の真の証明——であるといってよいであろう。

五

さらにもう一つの点においても、私は私の父の繰り返しにすぎず、余りに早く死亡した父の人生のいわば継続であるといっていい。誰でも自分と同等の人間に立ち混じって暮したことのない者は、例えば「同権」という概念に馴染《なじ》まないように、「報復」という概念もぴんと来ないものだが、私はそういう人に似ていて、大小を問わずともあれ愚行が自分に加えられた場合に、私はそれに対するいかなる対抗策も、いかなる防衛策も——そして当然なことだが、いかなる弁明も、いかなる「釈明」も、自分で自分に禁止しているのである。私流の報復といえば、相手から受けた愚劣に対してできるだけ素早く何らかの怜悧《れいり》さを送り届けてやることにほかならない。そうすれば受けた愚劣をひょっとして何とか挽回《ばんかい》できるかもしれない。これを比喩《ひゆ》で言えば、酸っぱい話をご免蒙《こうむ》るために、砂糖漬《づ》けの果物一瓶《ひとびん》を送り届けてやることを意味する。……私に何か善からぬことを一寸《ちょっと》でもしさえすれば、その相手に私は必ず「報復」するだろう。これだけは確かだと思っていて欲しい。つまり、善からぬことを私にしたその「犯人」に、私はすぐさまチャンスを摑《つか》んで、私の感謝の気持を（ときにははっきりこの「犯行」に対してだと念を押しさえして）表明するということなのである。――あるいは、その「犯人」に何かをお願い申し上げるということなのである。お願いする方が何かを差し上げるよりも、慇懃《いんぎん》な遣《や》り方になる。……さらにまた、私からすれば、どんなに乱暴な言葉でも、またどんなに乱暴な手紙でも、沈黙よりはまだ質《たち》がいいし、礼儀に適《かな》っているように思われる。沈黙している手合いは、ほとんどいつも心情の細やかさと礼節を欠いているのだ。沈黙しているということは、相手に対し文句をつけていることと同じである。言葉を呑み込んでしまうのは、必然的に良くない性格を作る。――それは胃まで損うであろう。沈黙家はみな消化不良にかかっている。――これでお分りと思うが、私は乱暴ということをあまり見下げてもらいたくないと思っている。乱暴とは抗議の最も人間的な形式であることにおいて際立《きわだ》っており、ものみなすべて懦弱化《だじゃくか》する傾向の只中《ただなか》にあっては、われわれの第一級の徳目の一つである。――もしも自分がそれをして平気でいられるだけの豊穣《ほうじょう》さを備えているとしたなら、不当なことを実行するのも一つのいいことですらある。もし地上に現われるような神がいたとしたら、その神は不当なことよりほかには何も実行しないのではあるまいか。――罰ではなく、罪の方を引き受けてこそ、はじめて神らしくなるのである。

六

内攻的復讐感情《ルサンチマン》に私が左右されないということ、ルサンチマンについてなら私が真相を摑んでいるということ――誰も知るまいが、結局この点にかけても、私は私の長わずらいのお蔭《かげ》を蒙っている！　この問題は必ずしも簡単ではない。すなわち、この問題を扱うためには、力の方面からと、弱さの方面からと、二つの方面の内部から発して問題を体験し尽くしておかなくてはならないからだ。もしかりに病気であることや虚弱であることに取り上げるべき何らかの難点があるのだとしたら、病気とか虚弱とかの場合には、人間の内部にある本来の治癒《ちゆ》本能、すなわち防衛と武装の本能がぼろぼろに朽ち果ててしまうというようなことこそが、その難点に当るのである。病気であり虚弱であるときに人は何ひとつとして振り捨ててしまうことが出来ない。何ひとつとして終りにしてしまうことが出来ない。何ひとつとして突き返すことが出来ない。——何をやっても自分が傷ついてしまう。人間や事物がしつこくわが身につき纏《まと》うし、何かを体験すると必ず胸の奥に深く突き刺さるし、思い出はいつまでも膿《う》んだ生傷《なまきず》のままである。こう見てくると、病気であることがすでに一種のルサンチマンそのものであるといってよいであろう。——以上のような状態に対して、病人は偉大な治癒法をただ一つだけ持っているのである。——私はこれをロシア的宿命主義と呼んでいる。行軍があまりに辛《つら》くなったロシアの兵士が、ついには雪の中に身を横たえる場合の、あの無抵抗の宿命主義がそれである。これはすなわち、もはや何ものをも受け取らず、何ものをも受けつけず、自分の中へ何ひとつ受け入れることもせず——およそもう何事にもいっさい反応しないという態度だ。……このような宿命主義は必ずしもただ死への勇気を表わしているのではなく、生命が極度に危険な状況下に置かれた場合における生命維持の働きをも表わしているのである。かかる宿命主義の持つ偉大な理性は、新陳代謝の低下、その緩慢化、いいかえれば一種の冬眠への意志だといえる。そこでの論理をさらにもう二、三歩押し進めてみると、墓穴の中で何週間も眠る回教の托鉢僧《たくはつそう》ということになるであろう。……そもそも一度でも反応しようものなら、たちまち自分を消耗してしまうだろうから、もはやいっさい反応しない。これが、そこでの論理である。さて、人間をたちまちにして焼き尽くしてしまうものとして、ルサンチマンの興奮にまさるものは他《ほか》にない。憤怒《ふんぬ》の情、病的な傷つき易《やす》さ、復讐《ふくしゅう》したくても出来ない非力感、復讐へ向かう欲求と渇望《かつぼう》、あらゆる意味での毒薬調合——これは疲労困憊《こんぱい》した者には確かに最も不利な反応の仕方だといえる。こんな反応をしてしまうと、神経の力を急激に使い果すこととなり、有害な分泌《ぶんぴつ》機能が病的に昂進《こうしん》され、例えば胃に胆汁《たんじゅう》が溢《あふ》れるという事態が引き起こされる。病人にとってルサンチマンが御法度《ごはっと》そのものである所以《ゆえん》であり——また、病人にとっての悪である所以だが、残念なことに、病人というものはえてしてこういう性向に傾き勝ちなものなのである。——この点をよく知っていたのは、あの深い生理学者仏陀《ぶっだ》であった。仏陀の「宗教」は、むしろ一種の衛生学と呼んだ方が、キリスト教のようなあんな哀れむべきものとの混同を避けるためにもかえってよいのだが、この「宗教」はルサンチマンに打ち勝つことをもってその功徳《くどく》としていた。つまり、魂がルサンチマンによって左右されないようにすること——これが病気からの回復への第一歩なのである。「敵意によっては敵意は終結しない。友愛によって敵意は終結する。」これは仏陀の教えの劈頭《へきとう》を飾る言葉だが、このように語っているのは、道徳なのではない。このように語っているのは、じつは生理学なのだ。——ルサンチマンは弱さから生まれたものであるだけに、他の誰にもまして弱い人自身に対し一番有害である。——ところが、これとは違って、豊かな天性を具えた人間が前提をなしている場合には、ルサンチマンとは一つの余計な感情であって、したがってこれを制御し切ってしまうことが、その人の身に具わった天性の豊かさの証明であると大略いえるほどである。私の哲学は、復讐の情と遺恨の情に対する戦闘を引き受け、ついには「自由意志」説の内部にまで踏み込んだのだが――キリスト教との私の戦いはそこから派生したほんの一例にすぎない――その折の私の哲学の真剣さを知る者は、なぜ私が実際面における私の個人的な生活態度、私の本能の確かさを、本書においてわざわざ公表するに至ったかを理解してくれるであろう。そのわけは次の通りである。私自身がデカダンスの状態に陥っていた時期において、私が復讐の情や遺恨の情をわが身に禁じたのは、それを有害と見立てたためであった。ところが、私の生がこれらの情に負けないだけに再び豊かになり、誇り高くなるや否《いな》や、私はそれらを自分に禁じはしたものの、今度は自分より下にあるものと見立ててのことであった。私が前に言及した「ロシア的宿命主義」だが、これはほとんど耐え難い状況、場所、住居、交際社会が、偶然にもせよ私にいったん与えられると、私が何年間もしぶとくそれらを守りつづけたという形をとって、私の身に立ち現われた。――それらを守りつづける方が、それらを変えるよりも、変え得ると感じるよりも――それらに対して反抗するよりも、ましであった。……私はこの自分の宿命主義を掻《か》き乱したり、強引に自分の眼《め》を覚醒《かくせい》させたりすることに、当時死ぬほどに悪意を抱いていた。――事実私はまた、いつ死ぬか分らぬほどに危険な病状でもあったのだ。――自己自身を一個の宿命さながらに受け取り、自分は「別様で」ありたいなどと思わないこと――これがあのような状態に置かれているときには、偉大な理性そのものなのである。

七

戦いとなるとまた話は別である。私は私の流儀に従って戦闘的である。攻撃は私の本能の一つである。敵たりうること、敵であること――これは思うに一つの強い天性を前提としている。いずれにせよこれはあらゆる強い天性に付きものである。強い天性は抵抗を必要とする。したがって抵抗を求めてもいる。攻撃的なパトスが必然的に強さに属しているのは、復讐の情や遺恨の情が弱さに属しているのと同様である。例えば女性は復讐心が強い。これは女の持つ弱さに付きものである。他人の陥っている苦境に女が敏感なのも、同様に女の弱さのせいである。――攻撃する者の力の強さを測る一種の尺度は、彼がどんな強さの敵を必要としているかに依《よ》っている。人の成長度を測るには、その人が自分よりどれくらい強力な敵を探しているか――あるいは、どれくらい強力な問題を探しているかを見れば自《おの》ずと分る。それというのも、戦闘的な哲学者は人間だけでなく、問題に対しても決闘を挑《いど》むものだからである。その場合の彼の課題は、抵抗して来るものに何にでもかににでも打ち勝ってしまいさえすればいいということではなく、彼が自分の全力量、全技能、全武術をあげて戦わなければならないような相手——つまり自分と対等の相手に対し打ち勝つということでなければならない。……敵と対等であるということ——これこそが誠実な決闘の第一前提である。そもそも相手を軽蔑《けいべつ》している場合には、戦うことが出来ない。相手に命令を下し、幾分でも相手を見下しているという場合には、戦う必要がない。——私の戦争実践要項は、次の四箇条に要約される。——第一条、私は勝ち誇っている事柄《ことがら》にだけ攻撃を仕掛ける。——事情によっては、相手が勝ち誇るようになるまで、私は待つ。第二条、私は同盟できる味方が見つかりそうになく、自分は孤立し、——自分ひとりが危険に曝《さら》される場合にだけ、攻撃を行う。……私はわが身を危険に曝さないですむような攻撃行動を、公《おお》けには一度も起こしたことがない。これが正しい行動というものの私の判断基準である。第三条、私は個人を決して攻撃しない。——ただ、すでに一般に拡《ひろ》がってはいるものの潜行し勝ちなために把握《はあく》しにくい非常事態を、誰の目にも見えるようにするための強力な拡大鏡として、個人を利用することはあるにはある。

私がダーフィト・シュトラウスを攻撃した（訳注　『反時代的考察』第一篇のこと）のはこのような例で、正確に言えば一冊の老衰した書物（訳注　シュトラウスの『旧い信仰と新しい信仰』）がドイツの「教養」のもとで収めた成功に向けて、私は攻撃を仕掛けたのであった。――言うならば、ドイツの教養を私が犯行現場で取り押さえたようなことだった。……私がヴァーグナーを攻撃したのもこの例に入る。正確にいえば、すれっからしの人間と豊かな人間、末期《まつご》の人間と偉大な人間とを混同している現代「文化」の虚偽、その本能的雑種性に私は攻撃を加えたのだ。第四条、私は個人的感情の食い違いなどが生じないような案件、いやな目に会ったとか会わなかったとかいう背後事情を持たないような案件だけを攻撃する。それどころではない。攻撃するということは、私の場合には、一種の好意の証《あか》しなのであり、ときには感謝の証しだといってもよいのである。私はある事柄や人物の名前に私の名前を結びつけることによって、その事柄なり人物なりに敬意を表しているのであり、あるいは、それらを表彰しているのである。私がそれらの味方なのか、はたまた敵なのか――そういうことは私にはどっちでもよいことなのだ。私はキリスト教に戦いを挑んではいるものの、キリスト教の側から災難や妨害を加えられた覚えがないからこそ、戦いを挑む資格が私にはあるのだと考えている。――キリスト教徒の中でも最も真面目《まじめ》な人々は、いつも私に対し好意的であった。私自身は、たしかにキリスト教に対する苛酷《かこく》な敵対者ではあるが、幾千年の宿運ともいうべき問題を、一個人のせいにして、一個人を恨みがましく思うなどということは、私には思いもよらない。[11]

八

最後に私は、私の天性のもう一つの特徴――これあるお蔭《かげ》で私が他人との交際で少からぬ難儀をしている――を暗示することを、お許し頂けるであろうか。すなわち、私にだけ特有のことなのだが、私には潔癖の本能がまったく不気味なまでに敏感に具《そな》わっていて、ために私は、どんな人と相対しても相手の魂のきわどい近さ――あるいは何と言ったらよかろうか――相手の魂の内奥《ないおう》、魂の「内臓部」とでも言うべきものを生理的に知覚し――嗅ぎわけてしまうのである。……私はこのような敏感さを心理的な触覚として、どんな秘密をも探り当て、手の内に押さえ込んでしまう。大抵の人の天性の底には、隠れた汚れが沢山あるものだが、おそらくは粗悪な血のせいで作られはしたものの、教育によって何とか体裁を取り繕って隠されているこの汚れが、私にかかるとほとんど最初の接触で、それとはっきり気づかれてしまうのである。私の観察にもしも間違いがなければ、私のこの潔癖さから実害を受けそうな連中は、彼らに向けられた私の嘔吐《おうと》感《かん》に、彼らの側でもやはり彼らなりに用心してかかっている。

用心したからといって、彼らが今より芳《かんば》しくなるわけではないのだけれども。……つねづねの私の習い性となってしまったことなのだが――自分に対する極度の清潔癖が私の生存の前提条件をなしていて、不純な条件の下では私は命さえ危いのだ。――私はいわば絶え間なく水の中で、もしくは何か完全に透明で光り輝いている元素の中で、泳いだり、沐浴《もくよく》したり、ぱちゃぱちゃ撥《は》ねてみたりしているのである。そのために、私にとっては他人との交際が、小さからぬ忍耐の試練となって来る。私の人間愛は、私が相手の身になって共感共苦する点にあるのではなく、相手に共感共苦しているそのことに私が耐え忍んでいる点にあるのである。……私の人間愛は休む間もない自己克服だといっていい。――それでも私は孤独を必要としているのだ。ということはすなわち、快癒を、自己への復帰を、自由で軽やかな戯《たわむ》れる空気の呼吸を必要としているということなのだ。……私の『ツァラトゥストラ』全篇は、孤独に捧《ささ》げられた熱狂的な讃歌《さんか》である。もしくは、私の言おうとすることが分っていただけたのなら、純粋さに捧げられた讃歌だと言い直してもよい。……幸いなことに、純粋な愚鈍（訳注『パルジファル』の主人公パルジファルをヴァーグナーはアラビア語で純粋な愚か者の意に解釈し、キリスト教的理想の権化としたことにちなむ）に捧げられた讃歌ではないが。――色彩に眼のある人なら、私の『ツァラトゥストラ』はダイヤモンドの輝く色をしているということであろう。――人間に対する、「賤民《せんみん》」（訳注　原語 Gesindel はニーチェの専用語。現代社会のいかなる階層にも対応しない）に対する嘔吐感が、つねづね私の最大の危険であった。……ツァラトゥストラがこの嘔吐感からの救いについて語っている次の言葉に、耳を傾けてみようとする気持を持って頂けようか。

　私の身にいったい何事が起ったのであろう。どのようにして私は嘔吐から自分を救い出したのか。私の眼を若返らせてくれたのは誰《だれ》か。もはや泉のほとりに独りの賤民も座していない高所に、私はどうやって飛んで行くことが出来たのであろう。

　それは私の嘔吐そのものが私に翼を生やさせ、泉を嗅《か》ぎ当てる力を授けてくれたからであろうか。まことに、私は喜びの泉を再び見出《みいだ》すためとあれば、高所の極限にまでも飛んで行かなくてはならなかったのだ！――

　おお、私はその泉をついに見出した、わが兄弟たちよ！　この高所の極みにおいて、喜びの泉は私のために滾滾《こんこん》と湧《わ》き出ている！　そして賤民が共に来て飲むこともない、一つの生命がここにはある！

　喜びの泉よ、お前の迸《ほとばし》る力は私にはいささか激しすぎる！　お前は杯《さかずき》を満たそうと焦《あせ》り、かえって杯を空にしてしまうことがしばしばだ。

私は今よりももっと控え目にお前に近づくにはどうしたらよいかを、さらに学ばなくてはならぬ。いまだ私の心は、あまりに激しくお前に向かって逆りすぎるからなのだ。

――そうだ、私の心、その上に私の夏が燃えている。短い、暑い、憂愁に蔽《おお》われ、至福に満ち溢れた夏が。私のこの夏はいかばかりお前の冷涼さを求めていることだろう！

私の春のたゆたいがちの悲哀はもう去った！　六月にはまだ雪片を降らせていた私の恨みの思いももう終った！　夏になったのだ、私はもう全身、しかも夏の正午に、――

――冷い泉と至福の静けさをそなえたあの高山の絶頂の夏。おお、来たれ、わが友よ。この静けさがさらに至福を加えるように！

なぜなら、此処《ここ》こそがわれわれの高所であり、われわれの故郷なのであるから。われわれは此処に余りに高く、また余りに嶮《けわ》しく住みなしていて、不純な輩《やから》やそれらの抱く欲情は近づくべくもない。

友よ！　君たちの純潔の眼差《まなざ》しを、ひとつわが喜びの泉に投げ入れてみて欲しい！　どうしてそのために泉の水の濁ることがあろう。泉はその清らかな眼差しを返し、君たちに微笑《ほほえ》みかけるであろう。

われわれは未来という樹木の上にわれわれの巣を構えている。鷲《わし》がその嘴《くちばし》に食物を銜《くわ》えて、われわれ孤独なる住人に運んで来てくれるであろう！

まことに、この食物は不純な輩がともに口にすることの許されぬものだ！　もし彼らが口にしたら、火を啖《くら》ったと思い、口のあたりが火傷《やけど》をしてしまうであろう。

まことに、此処にわれわれが棲家《すみか》を用意して待っているのは、不純な輩のためではない。彼らの身体、彼らの精神からすれば、われわれの幸福はさしずめ氷の洞窟《どうくつ》と思えるであろう！

強烈な風のように、われわれは彼らを超えて生きようと思う。鷲たちの隣人として、雪の隣人、太陽の隣人として生きようと思う。強烈な風とは、このように生きるものなのだ。

そしていつの日か、私は一陣の風さながらに、彼らの間に吹き込むことにしよう。そして、私の精神をもって、彼らの精神の息の根を止めることにしよう。そう欲しているのは、私の未来なのだ。

まことに、ツァラトゥストラはすべての低い土地にとっては、一陣の強風である。彼は己れの敵と、唾《つば》や啖《たん》を吐き散らす連中とに、かく戒めるのである。お前たちは風に逆らって唾を吐かぬよう気を付けるがよい！と。……（訳注『ツァラトゥストラかく語りき』第二部「賤民」）

なぜ私はかくも怜悧《れいり》なのか

一

――なぜ私は他人《ひと》より幾らか多く物事を知っているのであろうか？　そもそもなぜ私はかくも怜悧なのであろうか？　私は問題でもないような問題については考察をめぐらしたことが一度もない。――私は自分を浪費しない人間なのだ。――例えば私は、本来の宗教上の難題を経験的には知らないで済ませている。どの程度まで自分は「罪深い」人間かなどという問題は、まるっきり私の念頭に浮かんだことがない。それと同様に、良心の呵責《かしゃく》とはいったい何かに対する、自分でも信頼している判断基準が、私にはない。それについて通例誰《だれ》でも耳にしていることに即していえば、どうやら良心の呵責などはさして尊敬すべきものではなさそうに思える。……私は自分が何かの行動をしておきながら、後になってその行動を見殺しにする（訳注　あんな行動はしなかった方がよかった、と後悔するの意）などということはしたくない[12]。そんなことをするくらいなら、よしんば悪い結果であっても、ともかくそれは行為の帰結なのであるから、私は帰結を原則として価値問題から外す方をむしろ選ぶであろう。結果が悪いと、人間はややもすると自分のしたことに対する正しい判断の目を見失いがちなものである。その意味からも、良心の呵責とは私には一種の「邪悪の目」（訳注　böser Blick. 民間の迷信で、見ることで邪悪な力を伝える目。通例魔女などが持ち、子供を病気にしたり、牛の乳を出なくしたりする）であるように思えてならない。何かある事柄で失敗した場合に、失敗したからこそそれだけますますその事柄を尊重する——むしろこの方がずっと私の道徳律には適《かな》っているのである。——「神」「魂の不滅」「救済」「彼岸」、これらは私がこれまでに注意を払ったこともなければ、そのために時間を割いたこともない概念ばかりだ。子供のときだってそんなことをした覚えはない。——ひょっとするとそんなことをするほどに子供っぽい時期が、私にはなかったのではないだろうか？——私が無神論と親しんでいるのは、思索の結果としてではないし、いわんや偶発事としてでもない。無神論は私の場合に、本能的に自明のことなのである。私は余りに好奇心が盛んで、余りに疑問好きで、おまけに余りに倨傲《きょごう》であるがゆえに、一つの大づかみな答えに甘んじてしまうわけにはいかないのだ。つまり、神とはわれわれ思索人《デンカー》にとっては一つの大づかみな答えであり、何とも不味《まず》い料理なのである。——それどころか、神はとどのつまり、「貴方《あなた》がたは考えてはならない！」とわれわれに向け発せられた一つの大づかみな禁止令にすぎないともいえよう。……これとはまったく別に私の関心を惹《ひ》くもう一つの問題がある。神学者たちのどんな骨董的《こっとうてき》問題よりも、この問題の方に、「人類の救済」ははるかに多くかかっている。すなわちそれは栄養の問題である。手軽な言い方をすると次のような方式にまとめることが出来る。「力ということ、つまりルネッサンス式の徳（Virtù）、道徳《モラル》のくさみのない徳[13]というものの最大限を貴方が達成するために、ほかならぬ貴方は、どのようにしてわが身に栄養をつけなければならないか？」——この、栄養をつけるという点での私の経験は、まことにお粗末きわまりない。こうした問題をこんなにも手遅れの状態でやっと聞いたこと、しかもやっと聞いたこの経験から、私がこんなにも手遅れの状態で「理性」の何たるかをやっと学び知ったことに、私は愕然《がくぜん》たる思いを抱いている。ひとえにただわがドイツ的教養の完全な取《と》り柄《え》のなさ——その「理想主義」——だけが、ほかならぬこの問題でなぜ私がかくも聖人君子なみに時代遅れになってしまったかを、幾分なりとも説明してくれるであろう。このドイツ的教養は、はじめから現実を眼中に置くな、と教え、それによって「理想的」とか称せられるあのどう見てもいかがわしい諸目標、例えば「古典的教養」などを追い求めることを可能にしているのであるが——「古典的」と「ドイツ的」とを一つの概念に結合するなどあり得ぬことなのに、はじめからあり得ないと決められたものでもないのだ、と言わんばかりの勢いなのである。しかも、問題はただそれだけで終っているのではない。——「古典的教養を具《そな》えた」ライプツィヒ市民などというものを一つ想像してみて頂きたい！　これはまるで笑い話ではありますまいか。——実際、私は成熟した大人の年齢になるまでずっとろくな食事をして来なかったように思う。——これを道徳的に言い直すならば、私は料理人やその他のキリスト教徒仲間の平安無事のために、「非個性的で」、「無私で」、「愛他的な」食事ばかりをして来たということになる。例えば私はライプツィヒ料理のお蔭《かげ》で、はじめてショーペンハウアーを研究したのと時を合わせて（一八六五年）、それこそ本気になって私の「生きんとする意志」を否定したほどであった。栄養不足の状態を惹き起こすという目的のために、自分の胃までも壊しておくということ——この問題をライプツィヒ料理は、もののみごとに解決しているように私には思われた。（一八六六年にはこの点でも一つの転機が訪れた、という人もいるけれども。）それにしても、ドイツ料理という代物《しろもの》——すべてはこれに責任があるのではないか！　スープは食事の前に、ということ（これは十六世紀のヴェネツィアの料理の本でもドイツ風《アラ・テデスカ》の名で呼ばれている）。煮こみすぎた肉。脂《あぶら》と粉でどろどろにした野菜のごった煮。文鎮《ぶんちん》と見紛うまでのお団子の化物！　さらにこれに加えて、昔気質《かたぎ》の、いや単に昔気質とばかりは限らないのだが、ドイツ人たちの、まさに牛飲とでもいうべき食後の飲酒癖を考慮に容《い》れると、ドイツ精神の由来も分って来るだろう。――ドイツ精神はもたれた胃の腑《ふ》から生まれたものなのだ。……ドイツ精神とは一種の消化不良であり、何かをこなし切るという力を持っていない。――とはいえイギリス式の食事の摂《と》り方も、これはドイツ式と比べ、またフランス式と比べてさえそうなのだが、一種の「自然への復帰」、つまり人肉食への復帰を意味しているのであって、私自身の本能に深く反している。イギリス式の食事の摂り方は、精神に重い足をくっつける――精神にイギリス女のあの足をくっつけたようなものだと私には思える。……最上の料理はピエモントのそれだ。――次に、アルコール類は私には害になる。日に一杯のワインかビールを飲むだけで、私の人生を「涙の谷」（訳注『詩篇』八四の六）と化してしまうのに十分である。――ミュンヘンにはこういう私とは正反対の人間が住んでいるわけだが。アルコール類が私に害になることを理解したのは、ある程度大人になってからの話だが、これを体験したのは、じつをいえば子供の頃《ころ》からのことであった。子供の頃私は、飲酒や喫煙などは単なる若者の虚栄によって始められ、後にそれが悪習になるのだとばかり思っていた。私がこんな辛口の判断を下したことには、ひょっとするとナウムブルク（訳注　ニーチェが幼年期を過した町で、辛口ワインの産地）産のワインもまた一役買っていたのかもしれない。ワインが気持を晴れやかにすることを信じるためには、私はキリスト教徒でなくてはなるまい。という意味は、まさに私にとって一つの不条理であるものを信じるということにほかならない。大変に奇妙な話だが、私はほんの少量の、ひどく薄められたアルコールを口にするだけであれほど極端に調子を狂わせてしまうにも拘《かか》わらず、多量のアルコールを飲むと、かえってほとんど水夫なみの剛の者になるのである。すでに子供の頃に、私はこの点にかけて私なりに勇敢であった。あるとき私は、長いラテン語の論文を徹夜して書き下ろしたことがあった。厳密さと簡潔さにおいて私の模範としているサルスティウス（訳注　前八六—前三四頃のローマの歴史家、政治家で、『歴史』『カティリナ戦記』『ユグルタ戦記』を遺した。叙述は簡潔、古雅、よく事相の核心を衝く）に引けを取るまいとの野心を筆先にこめて、私は清書までしたうえで、一番きつい種類のグログ酒（訳注　ラム酒に砂糖湯を混入したもの）を少々私のこのラテン語作文の上に注いだものだった。こういうことが、名門プフォルタ校の生徒であったあの年齢ですでに少しも私の生理学に反することではなかったし、サルスティウスの生理学にもおそらく反することではなかったであろう。――もとより、名門プフォルタ校の校風にはひどく反することではあったであろうが。……その後、私が中年に近づくにつれて、あらゆる「酒精を含む《ガイスティヒ》」飲料に縁を断つ決心を次第に厳しく固めたことは、あらためて言うまでもない。私は経験上、菜食主義に反対している一人なのだが、この点で私を転向させたかのリヒャルト・ヴァーグナーと同様に、幾分でも精神的《ガイスティヒ》な天性を持つすべての人々に向かって、私はアルコール類を絶対に禁断するようにと、声を大にしてお勧めしたい気持である。水で十分である。……私は町中のどこへ行っても迸《ほとばし》る泉から水を汲《く》めるような町々（例えばニース、トリノ、ジルス）を好ましく思う。私は小さなコップを犬のように私のお供にして歩く。諺《ことわざ》に「酒中に真理あり」In vino veritas（訳注　エラスムスの諺集 Adagia にある言葉で、酔えば本性が露になる、の意）というのがあるが、私はこのような場合にも、「真理」という概念に関して世間一般とどうやらまたしても意見が合わないようだ。——私の場合でいえば、精霊《ガイスト》は水の上を漂うものなのである（訳注　ゲーテの詩「水の上を漂う精霊の歌」一八七九年を踏まえている）……さらに私の戒律《モラル》の中から、以下に二、三の指針を挙げておくこととしよう。大食の方が、少食すぎるよりも、消化しやすい。胃が全体として活動状態になることが、消化を良くするための第一条件だからである。人は自分の胃の大きさを弁えていなくてはならない。同じ理由から、止《や》めた方がよいと思われるのは、私が雨垂れ風の供物式《くもつしき》と呼んでいる、例の定食《ターブル・ドート》の席などでのだらだらと長たらしい食事である。——間食もよくない。コーヒーもいけない。コーヒーは気分を暗くする。紅茶は朝だけなら健康にいい。ほんの少しにし、ただし、濃く出して。紅茶は僅《わず》かでも薄すぎると、有害で、終日気持をだらけさせる。紅茶の濃さに関しては各人に自分の適量というものがあり、その差異はしばしば微妙な精密をきわめる。非常に刺戟《しげき》の強い気候風土にあっては、紅茶をいきなり最初に飲むのはすすめられない。それより一時間前に、一杯の脱脂ココアの濃いのを口にすることから始めるのがよいであろう。——さらに、出来るだけ腰を掛けないようにすること。戸外で、自由な運動の最中に生まれたのではないような思想——筋肉もまた共に加わって祭典を祝っていないような思想は、信用しないことなのだ。すべての偏見は内臓から来る。——そしてまた長っ尻《ちり》は——私は別の処《ところ》ですでに一度言ったことだが（訳注『偶像の黄昏』「箴言と矢」三四）——聖霊に背く本当の罪である。——

二

栄養の問題と密接に関係しているのは、土地と風土の問題である。誰にしろ、何処《どこ》に住んでも構わないというものではあるまい。ことに全力を振りしぼることが必要である大きな使命を果さなければならない者は、この点できわめて狭い選択しか許されていない。風土が新陳代謝に及ぼす影響、新陳代謝を阻害したり促進したりする影響は非常に大きいために、いったん土地と風土の選択を誤ると、自分の使命から遠ざけられてしまうばかりでなく、使命そのものをわが身に授けて貰《もら》えないということが起こり兼ねないのである。つまり、彼自らが使命に面と向かうことを一度もしないで終ってしまうわけだ。こういう人の場合、動物的活力が十分に漲《みなぎ》り溢《あふ》れ出していないので、最も霊的な界域に洪水《こうずい》のように押し寄せて行くあの自由、かくかくのことをなし得るのはただ吾《わ》れ独りのみ、と認識するあの自由な境地には、到達しがたい。……どんなに小さな内臓の弛《ゆる》みでも、それが悪い習慣になってしまえば、一人の天才を凡庸な人物に、何か「ドイツ的な存在」に変えてしまうには十分である。ドイツの風土にかかったら、強健な内臓、英雄的素質を具えた内臓でさえも、無気力にしてしまうのはいとも簡単だ。新陳代謝のテンポが速いか遅いかは、精神の足がす速く動くか、それとも思うように動かないかに正確に比例している。「精神」そのものがじつはこの新陳代謝の一種にすぎないのだからこれまた当然である。ひとつ比べ合わせてみて頂きたい。才気に富んだ人々が住んでいたかまた現に住んでいる土地、機智《きち》と洗練と悪意とが一体となって幸福の要素を成していたような土地、天才がほとんど必然的に住みついていたような土地、等々を。どれもみな空気が素晴らしく乾燥した土地ばかりだ。パリ、プロヴァンス、フィレンツェ、イェルサレム、アテーナイ――これらの地名は何かあることを証明している。すなわち、天才の成立は乾燥した空気や澄み切った空を条件としていること――迅速な新陳代謝を、いいかえれば法外とさえいえる大量の力を繰り返しわが身に取り込み得る可能性を条件としていること、それらのことを証明している。私はある自由な素質を持つ秀《ひい》でた精神が、たまたま風土的なものに対する本能的鋭敏さを欠いていたというそれだけの理由で、狭量になり、卑屈になり、ただの専門家になり下がり、気むずかし屋で終ってしまったケースを、目《ま》の当りに見て知っている。そして、私自身にしてからが、病気になったお蔭で、否応《いやおう》なく理性へと、現実の中での理性に関する熟慮へと強《し》いられたのだが、もしもこの、病気によって強制されるということが起こらなかったならば、結局は右と同じケースになっていたのかもしれない。今では私は、永年の訓練の結果、風土的並びに気象学的原因から来るさまざまな影響を、非常に精密で信頼のできる測定器のように、自分の身体を介して読み取ることが出来る。例えばトリノからミラノへ行く一寸《ちょっと》した旅行の際にも、私は空気の湿度の変化を自分の身体で生理的に算定できるようになったのである。その揚句、生命の危険に瀕《ひん》した最近の十年間を除いて、私の生活がいつもずっと誤った土地で、本来私に禁じられたいい
土地で営まれていたのだという不気味な事実に思い至り、私はぞっとしたのだった。ナウムブルク、プフォルタ学院、おしなべてテューリンゲン州（訳注　ナウムブルク、プフォルタ学院のある幼少年期を送った州、現在のドイツ中央部）、ライプツィヒ、バーゼル――これらはみな私の生理にとっては災難の地だ。そもそも私は、私の幼年時代と青少年時代を通じて好ましい思い出というものを何も持っていないが、このことについていわゆる「道徳

的」理由を持ち出すのはおよそばかげていると思う。――例えば、満足のいく社交が欠けていたという類《たぐ》いの明白な理由を持ち出す、などがそれである。満足な社交が欠けていたというのなら、私は今日だってなお当時と少しも変わっていないはずだし、そのことが現在私が快活かつ勇敢であることの妨げには何らなっていないのであるから、これは理由にはならない。問題はそんな処にはないのだ。生理学的事情における私の無知――あの忌《い》ま忌《い》ましい「理想主義《イデアリスムス》」――がわが生涯《しょうがい》における真の非運であり、無駄《むだ》にして愚劣、何ら良い効果を生むことなく、またいかなる埋め合わせも償いもしようとはしない何ものかなのである。私のすべての失策、すべての大きな本能の錯誤、私の生涯の使命にふさわしくない「謙遜《けんそん》」の数々、例えば私が文献学者などになって――なぜせめて医者とか、もしくはその他何なりと眼《め》を開けて物を見る者の類いにならなかったのか？　というような事柄は、ことごとくこの「理想主義《イデアリスムス》」の帰結ということから説明できると私は思っている。バーゼル時代の、私の精神的な栄養の摂取の仕方ときては、毎日の時間の割り振り方も含めてだが、莫大量《ばくだいりょう》の力の完全に無意味な濫費《らんぴ》であって、しかも、消耗を何とかしてカヴァーするために力を補給するということもしなかったし、消耗と補給との関係はどうあるべきかについて深く思いを致すということすらしないでいた。そこには、相当に微妙な自我の働き、ある種の命令的本能による庇護が欠けていたのである。代りに、そこにあったのは、誰に対してでも自分と相手とを同一視してしまう態度、ある種の「自己喪失状態」、他人と自分との間の距離の忘却であった——今の私なら決して自分に許さないようなことばかりであった。私が以上のようにしてほとんど行き着く所まで行き着いたとき、私が限界にまで行き着いてしまったというそのことによって、私は私の生のこの根本的な非理性——すなわち「理想主義《イデアリスムス》」を深く反省するようになったのである。病気が私をはじめて理性へと導いてくれたのだといっていい。——

三

栄養における選択、気候と土地の選択——これにつづく第三の、どんなことがあっても失敗してはならない選択、これはめいめいにとって最もふさわしい休養の選択である。この場合にもやはり、一つの精神が独自の sui generis あり方を示すその度合いが高まるにつれて、その精神に許されたものの範囲、すなわち彼に役立つものの範囲は、だんだんに狭まって来るのである。私の場合でいえば、読書などはすべてみな私の休養のうちに入ってしまう。ということはつまり、読書は私を私自身から解放して、自分とは無縁な学問や魂の中を私に散策させてくれるものの部類に入ってしまうのである。――こういうものを私はもはや本気に扱うわけにはいかない。読書とは私を、ほかでもない、私一流の本気から休養させてくれるものなのだ。仕事に熱心に没頭している時間に、私は手許《てもと》に本を置かない。つまり、自分の傍《そば》で誰かに喋《しゃべ》ったり考えたりさせないように、私は気を付けている。読書とは誰かが自分の傍で喋ったり考えたりすることではないだろうか。……諸君はいったい観察したことがないのか。懐妊によって精神が、最終的には身体の組織全体が深い緊張を強いられているとき、外から来る偶然や、あらゆる種類の刺戟が、極端に烈《はげ》しく、過度に深く「突き刺さってくる」ものだということを。こういうとき外から来る偶然や刺戟はできる限り避けてしまわなくてはならない。精神的懐妊がみせる第一級の本能的怜悧さの中には、一種の自己籠城《ろうじょう》ということが含まれている。私は自分に無縁な何かの思想がこっそり城壁を乗り越えて入って来ることを、黙って許せるだろうか。――そして、ほかでもない、読書とはこれを黙って許すことではないのか。……仕事と豊かな稔《みの》りの歳月が終ると、引きつづいて休養の時節がやって来るものだ。そこで、さあ、来るがよい！　君たち楽しい書物よ。才智《さいち》に富んだ、聡明《そうめい》な書物よ！　――あの中にはドイツの書物も入っていただろうか？　――私は本を手に携えている自分の現場を自分で取り押さえるには、半年間も前へ時間を遡《さかのぼ》らなければならないのである。それにしても、あれは何の本だったかな？……ヴィクトル・ブロシャール（訳注　一八四八―一九〇七、フランスの哲学者）の秀《すぐ》れた研究『ギリシアの懐疑家たちに関する一研究』（訳注　一八八七年パリ刊、ニーチェ蔵書）がそれだ。この中では私のラエルティオス論考[14]もうまく利用されている。懐疑家というのは哲学者の中では唯《ゆい》一《いっ》の尊敬に値するタイプである。何しろ哲学者というのは二義《ツヴァイドイティヒ》から五義くらいまではある、まことに意義曖昧《ツヴァイドイティヒ》なる人種なのだから！……普段私が頼みとしているのは、ほとんどきまって同じ書物、結局は少数の、まさに私向きの本だと証明ずみの書物ばかりである。多量かつ多種類の本を読むのは、おそらく私の流儀ではあるまい。書斎などというものは私を病気にしてしまう。多量かつ多種類の本を愛好するのもまた、私の流儀ではない。新刊書に対する用心深さ、否《いな》、敵意とさえいえるものが、「寛容」や「雅量」やその他の「隣人愛」よりも、ずっと私の本能に属している。……[15]結局、私がいつもそこへ立ち戻《もど》って行くのは、少数の、やや前時代のフランス人の許へである。私はフランス的教養をしか信じない。通例ヨーロッパで教養の名で呼ばれているものは、ことごとく誤解だと私は思っている。ドイツ的教養に至っては言わずもがなである。……ごく稀《まれ》に私はドイツでも高い教養を持った人に出会ったことがあるが、それはすべてフランス系統のものであった。なかでもコージマ・ヴァーグナー夫人。趣味の問題にかけて夫人が放った発言は、私が聞いた限りではずば抜けて第一級の言葉である。……私はパスカルを読むのではなく、愛している。パスカルはキリスト教の犠牲として最も教訓に富む事例であって、はじめは肉体的に、次いで心理的に、じわりじわりと嬲《なぶ》り殺しにされて行ったのだが、この身の毛もよだつ形式の非人間的残虐《ざんぎゃく》の全論理を、私は愛している。私はモンテーニュの洒落気《しゃれっけ》たっぷりの悪《いた》戯《ずら》心の幾つかを精神の中に、否、ことによったら身体の中にも受け継いでいるかもしれない。私の芸術家に対する趣味は、モリエール、コルネイユ、ラシーヌの名前を、多少業腹《ごうはら》だと思わなくもないが、シェイクスピアのような野性的天才に対抗して庇護《ひご》している。以上、前時代のフランス人たちばかりを取り上げたからといって、それはごく最近のフランス人たちも私にとってやはり魅力ある一団をなしていることを、何ら妨げるものではない。歴史上どの世紀に網を張っても、現代のパリにおけるほど、あれほど好奇心に溢れ、しかもあれほど繊細さに満ちた心理家たちを一度に掬《すく》い蒐《あつ》められる世紀がほかにあるかどうか、私はまったく見当がつかない。試みに――というのはその数たるや決して小さくないからだが――これら心理家たちの名を挙げてみよう。ポール・ブールジェ、ピエール・ロティ、ジプ[16]、メイヤック[17]、アナトール・フランス、ジュール・ルメートルの諸氏。もしくは、この強力な種族の中から唯《ただ》一人を強調するとすれば、私が特別に愛好している生粋《きっすい》のラテン人、ギィ・ド・モーパッサン。

打ち明けて言うと、私は以上の名を挙げた人々の属するこの世代を、彼らの偉大な先生格の人々の属する前時代よりも好きである。先生格の人々はおしなべてドイツ哲学によって毒されている。例えばテーヌ氏はヘーゲルによって毒され、ヘーゲルのお蔭で、彼は偉大な時代や偉大な人間を誤解してしまっている。ドイツの息がかかると、文化は駄目になるのだ。戦争が来てやっとのことでフランスの精神は「救済」されたのである。……スタンダールは私の生涯における最も美しい偶然の一つだといえる。――なぜなら、私の生涯において画期的なことはすべて、偶然が私に投げて寄越したのであって、決して誰かの推薦によるのではない。――このスタンダールという人こそ、まことに並の評価の及ばぬ存在である。物事の先を読む心理家としてのその眼。ナポレオンという当時の最大の事実性の間近にいたことを想起させるその事実把握《はあく》（すなわち、「爪《つめ》によってナポレオンを知る」ex ungue Napoleonem（訳注「爪によりライオンを知る」ex ungue leonem をもじったもの））。最後に、彼が正直な無神論者であることも、少からず貴重なことだと思う。無神論者というのはフランスではきわめて数の少い、ほとんど見当らない種族なのであるから。――もっともこの点ではプロスペル・メリメにも敬意を払っておかなくてはならないが。……ひょっとするとかく言う私自身は、スタンダールを嫉《ねた》んでいるのではあるまいか？　彼は「神がなし得る唯一の弁解釈明は、神が存在しないことである」という、最良の無神論的警句を残しているが、これはこの私こそが吐き得たろうと思われる言葉であって、彼に横取りされてしまったのだ。……私自身もどこかでこう語ったことがたしかにあったが。現存在に対するこれまでの最大の異論は何であったか？　それは神……と[18]。

四

抒情《じょじょう》詩人というものの最高の概念を私に与えてくれたのは、ハインリヒ・ハイネである。幾千年にも及ぶあらゆる国々を探してみても、彼に匹敵するほどの甘美でそして情熱的な音楽を見つけ出すことには、成功すまい。ハイネは神域にまで達した悪意というものを持っていた。この手の悪意を抜きにしては、私は完璧《かんぺき》ということを考えることが出来ない。――私は人間や種族の価値を量るのに、いかに彼らが神と半人半獣神《サテユロス》とを必然的に切り離さないで理解する術《すべ》を知っているかどうかという点を、尺度にしている。――それに、ハイネは何とみごとにドイツ語を操ることであろう！後世の人はこうも言うと思う。ハイネと私はドイツ語にかけてのずば抜けて第一級の芸術家であった、と。――そして、並のドイツ人がドイツ語をもってなし遂げたいっさいのものとはじつに雲泥《うんでい》の差があった、と。――バイロンの『マンフレッド』と私は深い血縁関係があるに相違ない。私は『マンフレッド』のすべての深淵《しんえん》を自分のうちに見出《みいだ》していた。――十三歳にして、私はこの作品を理解できるほどに成熟していた。[19]『マンフレッド』という作品が現に目の前にあるのに、『ファウスト』のことを何だかだと敢《あえ》て口にする連中に、私は言うべき言葉を知らない。彼らにはただ一瞥《いちべつ》をくれてやるだけだ。ドイツ人というのは偉大さというもののいかなる概念をも理解する能力を持たない。そのいい証拠がシューマンである。私はこの甘ったるいザクセン人に腹を立てて、『マンフレッド序曲』に対する対抗作を自分で作曲したことがあった。[20]尤《もっと》も、ハンス・フォン・ビューローはこれを評して、五線紙上にかつてこんな代物《しろもの》を見たことがない。音楽の女神《エウテルベ》に対する暴行にも等しい、と言ったものだが（訳注 ニーチェ宛書簡一八七二・七・二四付）。――もしも私がシェイクスピアとは何であるかを表わす最も適切な言い方を探すなら、彼がシーザーというタイプを構想したことに尽きる、とつねに思っている。ああいうタイプの人間は当て推量で創《つく》り出せるものではない。――作者自らがそのタイプであるか、ないか、それによって決まるのである。この偉大な詩人はただ自分自身の現実の中から汲《く》み出して書いているだけである。――その揚句、後日になって、自分の作品に自分でもはや耐えられなくなってしまうほどなのである。……私だって私の書いた『ツァラトゥストラ』を一寸覗《のぞ》き込んだだけで、半時間ほど部屋の中を往《い》ったり来たりして、耐えがたい嗚咽《おえつ》の発作をどうにも抑えることが出来なかったという覚えがある（訳注（55）参照）。——私はシェイクスピア以上に胸を引き裂く悲痛な読み物を知らない。ひとりの人間がこれほどまでに道化であることを必要としたからには、よほどの苦痛を重ねたに違いない！ ——世の中の人はハムレットが分っているのだろうか？ 彼を狂気にしたのは、疑惑ではなく、むしろ確信なのだ。……だが、それをそうと感じるためには、人は深くなければならず、深淵でなければならず、哲学者でなければならない。……われわれがこぞってこわがっているのは、真理に対してなのである。……そして、敢て告白しておくが、きわめて不気味なこの手の文学の創始者にして自虐者である人は、じつはベーコン卿《きょう》であることを、私は本能的に確信している。アメリカの粗雑平板の徒の哀れなお饒《しゃべ》りなどこの私に何の関係があろう？ 最も強力な現実性《レアリテート》にまで達する幻想の力と、行為、途轍《とてつ》もない行為、つまり犯罪をまでなし得る強力な力と、この二つは単に両立しうるというだけでなく——前者は後者そのものを前提としているのである。……われわれは言葉のあらゆる偉大な意味において第一級の現実家《レアリスト》であるベーコン卿について、まだまだ十分には知っていない。したがって、彼が何を行ったか、何を欲したか、何をその身で体験したか、その全貌《ぜんぼう》を知ることは出来ない。……それにしても、哀れをきわめるのは、わが批評家諸君だ！　もしも私が、私のツァラトゥストラに別人の名前を、例えばリヒャルト・ヴァーグナーの名前を冠したとしたら、よしんば今後二千年間に現われる全批評家の看破力を以《もっ》てしても、『人間的な、あまりに人間的な』の著者が、ツァラトゥストラの幻視家と同一人物であることを見抜くには、とうてい至らないであろう。……

五[21]

私の生活の休養について語っているこの個所で、私はいま、これまでに私をとりわけ深く、心の底から休養させてくれたものに対し、感謝の一言を述べることが必要であると考える。その、私を心の底から休養させてくれたものというのは、何の疑念もなく言うが、リヒャルト・ヴァーグナーとの親しい交際であった。これ以外の人間関係なら、私は安く手離してもいいが、トリプシェンでのあの日々だけは、私の一生の中から、どんな高値に代えてでも売り渡したいとは思わない。それは信頼と快活と崇高な偶然に満ちた日々——深い刹那《せつな》に満ちた日々であった。……他の人々がヴァーグナーと共に何を体験したかは知る由《よし》もないが、私とヴァーグナーの空の上には一片の雲も掠《かす》め飛んだことはなかった。——さて、以上を以て、私は今一度、フランスに話題を戻すが、——ヴァグネリアンやこれに類する連中、つまりヴァーグナーは自分に似ていると思うことで彼に敬意を払った積りになっている連中に対し、私は抗議する謂《い》われもとくになく、ただ口許に侮蔑《ぶべつ》の色を浮かべるだけである。……私は生まれつき、私の本能の最深部において、ドイツ的なものが何から何まで疎《うと》ましくてたまらず、ドイツ人が近寄って来ただけで消化が悪くなるほどの人間であるから、ヴァーグナーとの最初の接触は、私の生涯の中ではじめてほっと安堵《あんど》の呼吸をさせて貰えたというようなことであった。私はヴァーグナーを外国として受け止め、尊敬して来た。いっさいの「ドイツ的美徳」に対する対極者として、異議申し立ての化身として受け止め、尊敬して来た。——われわれ、一八五〇年代の泥沼《どろぬま》のような空気の中で子供時代を送った者は、「ドイツ的」という概念に対しては、必然的にペシミストである。われわれはこの点革命家以外のものではあり得ない。——道学者先生が上に立っているような世の中の状態をわれわれは決して容認しないであろう。道学者先生が今日、今までとは別の色の衣裳《いしょう》を着て演技してみせようと、つまり緋《ひ》の衣（訳注　法衣のことか）を纏《まと》っていようと、驃騎兵《ひょうきへい》の制服を着こんでいようと、そんなことは私からみればまるきりどっちでも同じことなのである。……もうよろしい！　ヴァーグナーは革命家であった。——彼はドイツ人から脱走したのだ。……芸術家にとっては、パリ以外にそもそもヨーロッパに故郷はない。ヴァーグナー芸術の前提をなしているあの五官のすべてに宿る芸術感覚の繊細《デリカテス》さ、ニュアンスを感得する指、心理的な腺病《せんびょう》体質などは、パリにだけしか見当たらないものだ。形式の問題におけるこれほどまでの情熱、演出効果《ミザンセーヌ》にかけるこれほどまでの真剣さは、パリ以外の何処《どこ》にも存在しない。――それは他に例をみないパリ独特の真剣さだ。パリの一芸術家の魂の中に生きている途轍もない野心などは、ドイツではまるっきり理解されていない。ドイツ人はお人好《ひとよ》しだ――ヴァーグナーは断じてお人好しとは言えないが。……それにしても、私はヴァーグナーがどの方面に帰属しているのか、どういう人に最も近い血縁を持っているのか、ということについては、すでに十分に語っておいた（『善悪の彼岸』二五六[22]ページ以下にて）。それはフランスの後期ロマン派である。ドラクロワのような、ベルリオーズのような、あの高く飛翔《ひしょう》し、高く人を拉《らっ》し去る類いの芸術家たち、その存在の根に病気を宿し、不治の病いを抱えている芸術家たち、表現というものにかけての狂信家《ファナティカー》ぞろいで、徹頭徹尾名人気質《かたぎ》の所有者ばかりであるあの芸術家たちである。……そもそもヴァーグナーに一番最初に帰依《きえ》した知性ある人は誰であったか？　それはシャルル・ボードレールであった（訳注　一八八八・二・二六付ペーター・ガスト宛書簡参照）。彼は最初にドラクロワを理解した人物で、典型的なデカダンである。当時の芸術家という種族全部がその中に再認されるような典型的なデカダンである。――ボードレールはひょっとしたらこうした芸術家の最後の一人であったのかもしれない。……このような私がヴァーグナーを断じて許さなくなったが、そのわけは何か？　彼がドイツ人たちに迎合したからである。――彼が帝国ドイツ的になったからである。……ドイツの息がかかると、文化は駄目になる。

――

六[23]

あれこれ考え合わせてみると、私はヴァーグナーの音楽がなかったら、私の青年期を持ちこたえることが出来なかったと思う。私はドイツ人の一人であることを宿命づけられていたからである。どうにも耐え難《がた》い圧迫から逃れようとするときには、人は麻薬を必要とする。まさにそうなのだ。私はヴァーグナーを麻薬として必要とした。ヴァーグナーはいっさいのドイツ的なものに対するすぐれて効き目のある対抗毒なのである。――対抗毒もまた毒の一つであることに変りはない。……『トリスタン』のピアノ抜萃曲《ばっすいきょく》が世に出た瞬間から――フォン・ビューロー氏にこの点感謝申し上げた[24]い！――私はヴァグネリアンになった。『トリスタン』より以前のヴァーグナーの作品を、私は見下していた。――まだ通俗的すぎる、「ドイツ的」すぎると見ていた。……しかしながら、私は今日でもなお『トリスタン』と同じくらい危険な魅力を持ち、同じくらい戦慄的《せんりつてき》で甘美な無限性を具《そな》えた作品を探しているのだが、依然として見つからない。――芸術の全領域を探しても見つからないと思っている。レオナルド・ダ・ヴィンチの示すあらゆる異様な魅力も、『トリスタン』の最初の一音で魔力を失ってしまうであろう。この作品こそ断じてヴァーグナーの最高の絶品である。その後ヴァーグナーは、『マイスタージンガー』や『ニーベルングの指環《ゆびわ》』を書くことによって、ここからの息抜きを図った。健康を取り戻すこと――これはヴァーグナーのような人物にあっては、一種の後退を意味している。……私は自分が丁度いい時期に生き、ドイツ人の間で暮していたまさにそのおかげで、この作品を分るだけに成熟したということを、第一級の幸運と解している。心理家としての好奇心が、私の場合にはこれほどまでの程度に達しているのである。かような「地獄の快楽」を味わうに足るほどに十分に病的であった経験のない人にとっては、世界は貧弱きわまりない。ここで私が、このような一種の神秘家めいた言い方を用いることはまあ許されよう、というより、ほとんど命ぜられていることだとさえ言えよう。――ヴァーグナーの示し得るあの怪異的世界、彼以外の何びともそこへ飛んで行く翼を持たないあの異様なる恍《こう》惚《こつ》の五十の世界、それを私は誰にも勝って良く知っていると考えている。おまけに、私は生まれつき強い人間であるから、どんなにいかがわしいものでも、またどんなに危険なものでも、結構自分の利益になるようにこれを利用して、それによってますます強くなれる人間なので、私はヴァーグナーをわが生涯《しょうがい》の偉大なる恩人と呼んでいる次第である。ヴァーグナーと私が相似た点、それはわれわれ二人が今世紀の人間の誰がなし得るよりも深く苦悩したことであり、しかも互いに相手が原因で苦悩したことなのだが、このことが、われわれの名前をいずれ今一度、永遠に結びつけることであろう。そして、ヴァーグナーはドイツ人の間で紛れもなく単に一つの誤解にすぎないのであるが、これと同じように、私もまた一つの誤解にすぎず、かつ、これからもずっと誤解のままでありつづけるであろう。――わがゲルマン人諸君！　まずもって、二世紀にわたって心理的、芸術的訓練を積むことだ、……とはいえ、それでも取り返しはつくまいが。――

七[25]

――ここになお一言、選《え》り抜きの耳を持つ人に、私が音楽から本来何を望んでいるかを伝えておきたい。音楽が十月のある日の昼下りのように、晴れやかで、深いことを、私は望んでいる。音楽が自分というものを持ち、自由奔放で、情愛が深く、悪女くささと優雅さとを具えた可愛い小柄《こがら》の女であることを、私は望んでいる。……音楽とは何かを、ドイツ人が知り得るなどとは、私は決して認めまい。ドイツ人音楽家と呼ばれている人々は、その最大の人々を筆頭に、外国人である。すなわちスラヴ人、クロアチア人、イタリア人、オランダ人――もしくはユダヤ人である。そうでない場合であっても、今は死に絶えてしまったドイツ人、強力な種族に属するドイツ人であって、例えば、ハインリヒ・シュッツ、バッハ、ヘンデルのごときである。私自身は相変らずポーランド人であることに変りはないから、ショパンひとりは別にして、その他の音楽は全部捨ててしまってもよいくらいの気持ではあるが、ただ、三つの理由から、ヴァーグナーのジークフリート牧歌だけは例外としたい。おそらくはまた、すべての音楽家を凌《しの》ぐ高貴なオーケストラ的アクセントを持つリストの作品若干[26]をも例外としよう。さらに最後に、アルプスのあちら側で――今の私からすればこちら側で（訳注　ニーチェはイタリアのトリノでこの文を書く）――生まれ育った音楽のすべてを、例外の中に加えておきたい。……私はロッシーニなしでは大変に困るし、それ以上に、音楽における私の南国、わがヴェネツィアの楽人ピエトロ・ガスティ氏（訳注　ペーター・ガストをイタリア名で呼んだ）の音楽なしでは何とも済まされない。それに、私がアルプスのあちら側と言うとき、本当いうとヴェネツィアのことだけを言っているのである。音楽を言い表わす別の言葉を探すなら、私はいつもヴェネツィアという言葉しか見当たらない。私は涙と音楽とを区別するすべ内を知らないのだ。——私は幸福というものを、南国というものを、何か言い知れぬ内気な心の戦《おのの》きなしには思い浮かべることが出来ないのである。

橋のたもとに私はたたずんだ、
先ごろ、とびいろの夜に。
遠くから唄声《うたごえ》がきこえてきた。
金いろの雫《しずく》となって唄は湧《わ》き、
ふるえる水面《みのも》をわたり、去った。
ゴンドラの群れ、ともし灯《び》、そして音楽——
よいしれたように唄声は、薄明にただよい出ていった……

わがたましい、それはたてごとの奏《かな》で、
見えざるものに触れられ、奏でにつれて
たましいはひそやかにゴンドラの唄をうたった、
眼《め》もあやな至福の想《おも》いにおののきながら。
——聴き入るひとは、あったか？……
（訳注　生野幸吉氏訳）

八

以上に見てきたすべての点において――つまり栄養の選択、土地と風土の選択、休養の選択において――決定的な役割を果しているのは自己保存の本能であるが、これがこの上なく明瞭《めいりょう》に姿を現わすのは自己防禦の本能としてである。多くを見ない、多くを聞かない、多くを身辺に近づけない――これこそが賢明な第一の策であり、われわれが偶然的存在では決してなくて、一つの必然であることの証拠でもある。この自己防禦《ぼうぎょ》の本能に対して世間で普通に使われている言葉というのは、趣味である。もしもイエスといえば「自己喪失」となり兼ねないような場面で、この本能の命令形はただ単にノーと言うことを命ずるだけではなしに、出来るだけノーと言うのを少くすることをも命じているのである。何度も何度も繰り返しノーと言うことが必要となりそうな物事からは、思い切って離れてしまえ、そんなものからは手を切ってしまえ、と命じてもいるのである。この点でいかにも道理に適《かな》っていると思えるのは、防衛のための支出というのは、どんなに小額でも、規則化され習慣と化せば、しまいにはとんでもない貧困、完全に無益な貧困を惹《ひ》き起こすことになり兼ねないということである。われわれの甚大な支出は、小さな額のお金をむやみ矢鱈《やたら》に度重ねることである。防禦するということ、身辺に近づけないでおくということもやはり、ある種の支出だと言っていい。――この点、惑わされないで頂きたいのだが――支出と言ったのは、消極的目的のための力の浪費というほどの意味である。人は年がら年じゅう防禦の必要に迫られていると、それだけですっかり弱ってしまって、もはや防禦する能力も尽き果ててしまうことになり兼ねない。――かりに私がわが家を一歩外に出て、そこに見出《みいだ》すのが静かで貴族的なこのトリノの町ではなくて、ドイツの小都市であるとしてみよう。ドイツの町の平板に打ち伸ばしたような、いじけた世界からわが身に押し入って来るいっさいを撥《は》ね返さなくてはならなくて、私はそのために、本能的に自分を閉鎖する必要に迫られるだろう。もしくは、私が目の前に見出すのがかりにドイツの大都市であるとしてみよう。地からは何一つ生え育たず、善も悪もいっさい合財を曳《ひ》きずり込んでしまっているあの築き上げられた悪徳の都であるとしてみよう。これでは私は、針鼠にでもならないわけにはいかないのではあるまいか？[27]――尤も私は針を持たずに素手でいるという勝手もきくわけだから、もしも針鼠《はりねずみ》のように針を持つとしたら、自己濫費《らんぴ》であり、二重の贅沢《ぜいたく》にさえなるのだが。……

　もう一つの賢明な策、ならびに自己防衛は、できるだけたまにしか反応しないこと、自分の「自由」がきかずに自分のイニシアティヴをいわば取り外されて、単なる反応薬になり下る憂《う》き目《め》に会いそうな状況や前提からは、身を遠ざけてしまうことである。書物との附き合い方を、私は譬《たと》え話として取り上げてみよう。学者は要するに本をただ「あちこちひっくり返して調べる」だけで――普通程度の文献学者で日におよそ二百冊は扱う――しまいには、自ら考えるという能力をすっかりなくしてしまう存在である。本をひっくり返していないときに、彼は何も考えていない。学者の場合は考えるといっても、何かの刺戟《しげき》（――本で読んだ思想）に答えているだけである。――結局の処《ところ》は、何かにただ反応しているだけのことだ。学者はすでに誰かが考えたことに対し肯定《ヤー》だと言ったり否定《ナイン》だと言ったりする、つまり批評する、そのことに力のすべてを使い果してしまい――自分ではもはや何も考えないのである。……自己防衛の本能が、彼にあってはぼろぼろに朽ち果てている。もしそうでなかったら、書物に対し抵抗するはずであろう。学者――これは一個のデカダンだ。――私はこの目で見て知っている。天分もあり、豊かで自由な素質もある人物が、三十歳代ですでに「読書で台無しに」させられ、火花――つまり「思想」を発するためには誰かに擦って貰《もら》わなければならない単なる燐寸《マッチ》になり下ってしまった例をである。――早朝、一日がしらじらと明け染める頃《ころ》、あたり一面がすがすがしく、自分の力も曙光《しょこう》と共に輝きを加えているとき、本を読むこと――これを私は悪徳と呼ぶ！――――

九

ことここに至ると、もはや、人はいかにして自分自身になるか（訳注 本書の副題）という例の問いに対してちゃんとした答えを出すことを、回避するわけにはいかない。そして、答えを出すことによって、私は自己保存の技術——いいかえれば我欲の技術における傑作について語ることになるだろう。……すなわち任務なり、使命なり、任務の運命なりが普通の平均的水準を著しく越え出ているというような人間の場合には、それほどの任務を担った自分自身とまともに面と向かうことよりも大きい危険はおそらくない。自分が本来の自分になるのだ、というからには、本来の自分が何であるかをいささかも予感していないことが前提となっているはずである。この観点からすれば、人生の失錯でさえもがそれなりの意味と価値とを具えていることになるだろう。すなわち一時的に横道にそれたり、回り道をしたり、ぐずぐず躊躇《ためら》ったり、必要以上に自分を控えて「遠慮」したり、当の任務とは関《かか》わりのないあれこれの余計な任務に真剣に骨を折ったりする、そうしたことにも、それなりの意味と価値とが具わっていることになるのである。この点に大変に賢明な一つの態度、最高度に賢明な態度でさえもが現われる可能性がある。すなわち「自己自身を知れ」nosce te ipsum がもしも破滅への処方である場合には、自己を忘れること、自己を誤解すること、自己を小さくし、狭くし、凡庸化することの方が理性の働きそのものだといえるであろう。これを道徳的に言い直してみるなら、隣人愛、すなわち他人と他物のために生きるといった程度のことが、最も堅固な自我性を維持するための保護手段になり得るのである。これは私が自分の通則と信念に反して、「無私の」衝動に味方をする例外的ケースだといっていい。「無私の」衝動はこのケースにおいては、我欲、自己陶冶のためになるように作用している。――われわれは意識の全表面――意識そのものがすでに一つの表面にほかならないのだが――が、何かの大袈裟《おおげさ》な定言命法《イムペラティーフ》の一つによって汚されたりしないように、きれいに保っておかなくてはなるまい。大袈裟な言葉、大仰な身振りには用心した方がいい！　本能が余りに早く「自己を知る」ことは、危険以外の何ものでもないのだ。――――うかうかしている間に、意識の全表面を組織化し、いずれは意識を支配すべく使命づけられている「理念」が、意識の深層において次第次第に成長するようになるであろう。――そうなると「理念」は命令し始める。「理念」は個々の性質や才能を、徐々に横道や脇道《わきみち》から正道へと連れ戻して、ある準備を施すのだが、これらの性質や才能はやがて全体のためのなくてはならぬ手段であることが判明してくる。――「理念」は自らのために役立つ能力を次々と育て上げ、しかる後、それらを用いて自己の主導的課題である「目標」や「目的」や「意味」について何事かを打ち明けるに至るのである。——以上のような角度から考えてみると、私の生涯はただもう奇跡というほかはない。おそらくさまざまな価値の価値転換といった課題のためには、これまで人間ひとりの中に雑然と宿っていた能力よりも、もっとずっと多くの諸能力が必要であったはずである。とりわけまた、諸能力といっても、能力相互の対抗状態ということであって、しかも能力同士が互いに妨害し合ったり破壊し合ったりしない対抗状態であることが必要であったはずである。諸能力の位階序列。諸能力間の距離。諸能力を敵対させないで引き離しておく術《すべ》。ごちゃごちゃに混ぜ合わせることもしないが、なにひとつ「妥協」もさせないこと。すなわち途方もない多様性でありながら、しかも混沌《こんとん》の正反対。——以上が価値の価値転換といった課題を果していくための、私の本能の予備条件であり、その長期にわたる秘《ひそ》かな営みであり、名人巨匠の技であった。この本能から与えられる高級な庇護はじつに強力であったために、私は自分の内部に何が生長しつつあるのかといったことを、ただの一度も予感さえしないで済んでいた。——私の能力のすべてが突然に成熟し、ある日、すっかり完成した形で飛び出して来た、といえるほどだった。私の記憶の中には、かつて自分が何かのために努力した、という思いがない。——奮励努力の跡が私の生涯の中には辿《たど》れない。私は英雄的人物のおよそ対極にある人間である。何かを「欲する」とか、何かを得ようと「努力する」とか、何らかの「目的」や「願望」を絶えず忘れないでいるとか——こういったことを私は経験的に知らない。これを書いている今のこの瞬間にも、私は自分の未来を——広々とした未来を！——滑らかな海を見晴るかすような気持で眺《なが》めいる。その水面にはどんな欲求のさざ波も立ってはいない。私は何事かが現にある状態と違ったようになることを、露ほども望んではいない。私自身にしてからが違った風な人間になりたいなどとは思わない。それでも私はいつもこんな具合いに生きてきた。私は願いというものを持ったことがない。四十四歳を過ぎていながら、自分はまだ一度も名誉のために、女のために、お金のために苦労したことがないなどと言える人間が、私のほかに誰《だれ》かいるだろうか。——といっても、名誉や女や金に私が無縁だった、というのではないのだ[28]。……例えば、このような状態で、私はある日忽然《こつぜん》として大学教授になっていた。——そんなものになろうなどと、夢にも考えていなかったのだ。私が二十四歳になるかならぬかの頃《ころ》のことであった。その二年前には、やはりこんな風にして、ある日とつぜん文献学者になっていた。私の最初の文献学の論文[29]、あらゆる意味での私の初仕事が、わが師リチュルの慫慂《しょうよう》で彼の主宰する『ライン文献学誌』に掲載されたからである。（リチュル先生は——私は敬意をこめて言うが――今日まで私が謦咳《けいがい》に接することの出来た中での唯一《ゆいいつ》の天才的学者である。先生はわれわれテューリンゲン（訳注　エルフルトを州都とする現在のドイツ中央部）人の特徴をなすあの小気味のよい無頼《ぶらい》の気性を具えていた。この気性を具えているとドイツ人でさえ人から好かれるようになるのだが。――われわれテューリンゲン人は真実に達するためにさえ、間道を行くのを好む。こう言ったからといって、私は私の比較的近い同郷人であるあの怜悧な人レオポルト・フォン・ランケを、貶《おと》しめた積りは毛頭ない。……）

一〇

ここに来て深く思いを致すことが一つある。私はおそらく次のような質問を受けるだろう。いったい何故《なぜ》お前は、以上に言及して来たような取るにも足らぬ、従来の判断からすればどうでもいいような事柄ばかりを物語って来たのか。そんなことをしていると自分が損をするだけであろう。お前が大いなる使命を果す定めを背負った人間だというのなら、なおのことそうだ、と。これに対する私の答は次の通りである。以上に言及して来た取るにも足らぬ事柄――栄養、土地、気候、休養、すなわち我欲に関する決疑論（訳注　Casuistik. 中世スコラ哲学の、道徳を外的律法から考える学問、そこから細かな穿鑿、あら探し）のすべては、じつは、従来重要と看做《みな》されてきたあらゆる事柄よりも、はるかに想像を絶して重要なのである。人々は今まさにこの点において、頭を切り換えることを始めなくてはならないときであろう。人類がこれまで大真面目《おおまじめ》に考量して来たことは、そもそも現実の存在でさえあるまい。単なる空想である。もっと厳密にいえば、病的な、最も深い意味において有害な人々の劣悪な本能から発した嘘の数々である。――すなわち「神」「霊魂」「徳」「罪」「彼岸」「真理」「永遠の生」などの概念のすべてが、嘘なのだ。……にも拘《かか》わらず人々は、人間の本性の偉大さ、人間の本性の「神的性格」を、これらの概念の中に探し求めて来たのだった。……そしてそのおかげで政治、社会秩序、教育などのあらゆる問題は、底の底まで偽造されてしまい、結果的に、最も有害な人物が偉大な人間と受け取られるようになったり――いわゆる「ささやかな」物事、私に言わせれば生の基本要件を、軽蔑《けいべつ》することを教え込まれたりするようになったのである。(30)これまで第一流の人物として崇《あが》められて来た人と私とを比べてみたら、その相違は歴然としていよう。私はこれら「一流」と称せられる連中を一流どころか人間の中にさえ数え入れていないのだ。――彼らは私に言わせれば、人間の屑《くず》であり、病気と復讐《ふくしゅう》好きの本能が生み落した産物である。彼らは要するに、生に対し復讐を企てている、災いに満ちた(unheilvoll)、結局のところ救いようのない(unheilbar)人間失格者ばかりである。……私はああいう者とは正反対の存在になりたいと願っている。私の特権は、健康な本能のあらゆる特徴を嗅《か》ぎつける最高度の精緻《せいち》さを私が身に具えているということだ。どんな病的な特徴も私には欠けている。重病を患《わずら》っているときでさえ、私は病的にはならなかった。私の性格の中に狂信主義《ファナティズム》の特徴の片鱗《へんりん》を探そうとしても無駄《むだ》である。私の生涯のどの瞬間を取り上げてみても、そこに何かの尊大な態度があったとか、悲愴《ひそう》深刻な態度があったなどと指摘することは、おそらく出来まい。身振りの激情《パトス》は、偉大さのうちには入らないのだ。そもそも身振りを必要とするような人間はまやかしである。……あらゆる絵画的効果を見せる人間に対し警戒せよ！——人生が私から最も困難な課題を要求したそのときに及んで、人生は私にとってにわかに軽くなり、しかも、このうえなく軽くなった。すなわち、今年の私の七十日間がそうなのだ（訳注　『偶像の黄昏』が成立し、『アンチクリスト』『この人を見よ』執筆中の期間）。私は休むことなく、私より以前にも——あるいは私より以後にも、何びとも果し得ないような第一級の事柄《ことがら》ばかりを、私以後の数千年に対する責任を担ってやり遂げたのだが、この七十日間の私を目撃した方は、私に何の緊張の様子も感じ取れなかったであろうと思われる。それどころか、むしろ溢《あふ》れるような新鮮な活気と快活さとを私に見てとったであろう。私はあの時ほどに快適な感情で食事を摂《と》ったことはないし、あの時ほどに良く眠ったこともない。——私は偉大な任務と取り組むのに、遊戯とは別の遣《や》り方を知らない。遊戯こそは偉大さを示すしるしであり、その本質的な前提の一つである。ほんの僅《わず》かでも自分に無理強《むりじ》いをしたり、陰気な顔つきをしたり、喉《のど》が閊《つか》えて何か嗄《しゃが》れ声になったりすることは、いずれもみなその人が偉大でないことの証拠である。さらにまた何倍も、その人の作品が偉大でないことの証拠なのである！　……神経というようなものを持ってはならないのだ。……孤独（Einsamkeit）に悩むということもやはり、その人が偉大でないことの証拠である。私はいつだって「多数との共存」（Vielsamkeit）にだけ悩んできた。……七歳という、おそらく誰も信じないほどの早い時期に、私はすでに、どんな人間の言葉も私の許《もと》には決して届かないであろうことを知っていた。が、このことで私が悲しい顔をしていたのを見た人がいるだろうか。——私は今日だって依然として、誰に対しても、同じ愛想《あいそ》の良さで対処しているし、どんな下層の人にも、十分の厚遇をもってのぞんでいる。その際のすべての態度の中に、高慢さや、秘やかなる軽蔑の念は微塵《みじん》も含まれていない。私が誰かを軽蔑すれば、必ずやその人は私に軽蔑されていることを言い当てる。そういう場合には、悪い血を体内に持っている者はみな、私がただ存在しているというそれだけのことで、腹を立てるものなのだ。……人間の偉大さを言い表わす私の決まった言い方は、運命愛《アモール・ファティ》である。すなわち、何事も現にそれがあるのとは別様であって欲しいとは思わぬこと。未来に向かっても、過去に向かっても、そして永劫《えいごう》にわたってても絶対にそう欲しないこと。必然を単に耐え忍ぶだけではないのだ。いわんやそれを隠蔽《いんぺい》することではさらさらない。——あらゆる理想主義は、必然から逃げている嘘《うそ》いつわりにほかならぬ。——そうではなく、必然を愛すること、ること……

なぜ私はかくも良い本を書くのか

一

私は私であり、私の著作は私の著作であって、両者は別ものである。——この章では、私の著作そのものについて語る前に、一体私の著作は理解されるのかそれとも理解されないのかといった問題に、ひとまず触れておくことにしよう。とはいえ、それも余り深入りしないでおくのが適切かと思われる。なぜならこの問題を論ずるのにはまだまったく機が熟していないからである。私の著作どころか、私自身にしてからが、まだ存在してよい時機には来ていないようだ。死後に生まれる人（訳注　postum geboren 死後に遺作や称号のおかげで生まれ変わる人）だって若干はいるのである。[31]——そのうちいつか、私の生き方や私の教え方を実践し、教育するような公共機関を設けることが必要となるであろう。そのときにはまた、『ツァラトゥストラ』の解釈のための特別講座が設けられることさえ起り得るかもしれない。けれども、私の述べた数々の真理を現在早くも聞く耳があり、受け取る手があるなどと、もしも私が期待しているとしたら、それは私が今まで述べて来たことに対する完全な矛盾といえるだろう。今日誰《だれ》も私の言を聞かず、私から教えを受けるすべを知らないのは、無理もないことだというだけにとどまらず、むしろ至極当然なことだとさえ私には思われる。私は、私というものを取り違えて貰《もら》いたくないのである。――そのためには、私が自分自身を取り違えないことがまずもって必要である。――前にも言ったことだが、私の生涯《しょうがい》において、人から「悪意」を向けられたためしがほとんどない。「悪意」ある批評を書かれた場合もほとんど挙げることが出来ないくらいだ。これに反し、私の書いたものはまるっきり分らんという愚鈍ならいくらもいるのだが。……誰かが私の本を一冊手に取るだけで、それは彼が自らに与えることのできる最も稀《け》有な光栄の一つであると私には思われる。――そうするためなら彼は長靴《ながぐつ》を脱ぐのはもとよりのこと、靴をさえ脱ぐであろうと私は想像している。……かつてハインリヒ・フォン・シュタイン博士が私の『ツァラトゥストラ』を読んで、一語も分らなかった、と正直に苦情を洩《も》らしたことがあるが、そのとき私は彼に、それでいいんですよ、あの中の六つの文章が分ったなら、ということは体験したなら、ということですが、そのときには「近代的」人間の到達できるよりも一段と高い人間の階梯《かいてい》へとわれわれを高めたことになるのですから、と語ったものだった。私はこれほどの距離感を抱いている以上、どうして自分が知り抜いているあの「近代人」たちから――読まれることを願うはずがあり得るだろう！　――私の勝利はショーペンハウアーのそれとは正反対なのだ。――すなわち「今も読まれず、かつ将来も読まれず[32]」(non legor, non legar) なのだと言っておきたい。――とはいえ、私の著作に難癖をつけている言葉の中の無邪気さが、幾度も私に愉快な思いを与えてくれたが、その愉快さまで私は低く見積るつもりはないのだが。ついこの夏にもこんなことがあった。私の重大な、余りにも重大な文学によって、文学界全体のバランスがあわや狂わされそうになった折も折、ベルリン大学の一教授がご親切にも、貴殿は何か別の形式でお書きになれば良かった、こんなものは読む人がありません、とほのめかしてくれたのである。――結局、二つの極端な例を提供してくれたのは、ドイツではなくスイスであった。その一つは『ブント』誌上のV・ヴィートマン博士の論文で、「ニーチェの危険な書[33]」と題して『善悪の彼岸』を扱っている。もう一つはカール・シュピッテラー氏の書いた私の著作全般にわたる綜合《そうごう》書評[34]で、やはり『ブント』誌に載った。この二つが私の生涯における最大限《マクシムム》である。――何の最大限かは言わぬが花だが……例えば、後者は私の『ツァラトゥストラ』を「高級な文体練習」として扱った。そして、今後は内容にも気を配って欲しいとの希望まで書き添えている。ヴィートマン博士の方は、私があらゆるお上品な感情を一掃しようと努力している勇気に対しては敬意を表してくれている。——ほんの一寸《ちょっと》した偶然のいたずらのせいか、ヴィートマン氏のどの文章も、私が舌を巻いた理路整然たる一貫性をもって、真理の逆立ちを示していた。だから結局は、彼が私について述べていることのいっさいの「価値を転換」しさえすれば、私に関してもののみごとに釘《くぎ》の頭を叩《たた》く（急所を言い当てる）ことになったはずである。——そして私の頭に釘を打ち込むことなどしないで済んだはずなのだ。……それだけに一層、私は一つの説明をしておきたい。——結局、書物を含めてあらゆる物事からは、誰にしても、自分がすでに知っていること以上を聴き出すことは出来ない相談だ。体験から近づいて行く道を持ち合わせていないような事柄《ことがら》には、誰も聞く耳を持たない。一つの極端なケースを考えてみよう。ある書物が、人がたびたび経験することの出来ないばかりか、ほんのごく稀《まれ》にさえ経験することの出来ないような体験ばかりを語っていたとする——つまり、その書物が新しい一連の経験を語るための最初の言語であったとする。こういうケースにおいては、要するに何も聴きとっては貰えない。そして、何も聴きとって貰えない処《ところ》には、何も存在しないという聴覚上の錯覚が生じるようになるのである。……このケースがつまるところ私の通常の経験であり、何ならこれが私の経験の独創性だと言ってもいい。私を多少とも理解したと思い込んでいる人は、自分の姿に合わせて、私を適当に拵《こしら》え上げているまでであって――私自身とは正反対の像を拵え上げることも稀ではない。例えば、「理想主義者《イデアリスト》」に私を仕立て上げるなどして。[35] また私を全然理解しなかったという人は、そもそも私を問題として取り上げることを拒否した。――「超人」という語は、最高に出来の良い人間という一つのタイプを言い表わす語であり、これと対立するのは「近代」人であり、「善」人であり、キリスト教徒やその他のニヒリストたちである。――「超人」は道徳の絶滅者であるツァラトゥストラのような人物の口を借りて語られると、大変に重大な意味合いを帯びて来る語となるわけであるが、ところが、この「超人」という語が、ほとんど至る処で、まるで無邪気に、ツァラトゥストラという風姿を借りて現わしておいたものとは正反対のさまざまな価値を意味するものに誤解されて来ているのである。例えば、「超人」とは、半ばは「聖者」で半ばは「天才」でもあるようなより高級な人間の「理想主義的」なタイプであると解するなどが、それである。……そうかと思うと、頓馬《とんま》な学者がいて、「超人」という語から察するに彼はダーウィン主義者だ、などと私にあらぬ嫌疑《けんぎ》を掛けたりした。そもそも自分の思惑に反して大の贋金《にせがね》つくりとなったあのカーライルの「英雄崇拝」、これについては私はあれほど意地悪く拒絶しておいたはずなのに、「超人」はカーライルの「英雄崇拝」の再来と認められる、などと言った人も出て来る始末である。そこで「超人」の例ならパルジファルのような人間よりむしろチェーザレ・ボルジアのようなタイプの人間を探した方がいいですよ、と私がある人の耳に囁《ささや》いたら、その人は自分の耳を信じようとしなかった。——私が自分の書物に対する論評、ことに新聞の書評に対して、まるきり好奇心を持っていないことは、ご容赦いただかなくてはならない。私の友人や出版社の方々はみな心得ているので、誰もこの種のことを私に話さない。だが、ある特別な場合があったのである。かつて一冊の本——それは『善悪の彼岸』だったが——に不法不埒《ふらち》な批評が加えられた一部始終を、私ははっきり正面から見据《みす》えていた。が、この一件については敢《あえ》て穏和《おとな》しい報告をしておかなくてはなるまい。つまり、『国民新聞』——外国人の読者のために注を付しておくと、これはプロイセンの新聞である。序《つい》でにいえば、私自身は『ジュルナール・デ・デバ[36]』以外の新聞は読まないことにしている。——この『国民新聞』が、大真面目《おおまじめ》に私の本を「時代の徴候」であり正真正銘のユンカーの哲学であると解し、ただし『十字新聞』（訳注　プロイセンの土地貴族であるユンカーの機関紙）には私の本が持っているだけの勇気が欠けているのである、と評したことがある。こんなことが本当にあったと、読者はお信じになるであろうか。……

二

以上は、ドイツ人に向かって言ったことである。なぜならドイツ以外においても、私は至る処で読者を持っているからだ。——私の読者は選り抜きのインテリゲンチアで、高い地位と義務の中で教育を受けてきた信頼に足る人物ばかりである。私は読者の中に本物の天才をさえ持っている。ウィーン、聖ペテルブルグ、ストックホルム、コペンハーゲン、パリ、ニューヨーク——世界各地で、私は発見されている。私が発見されていないのは、ヨーロッパの平板国ドイツにおいてだけである。……ところで、打ち明けて言うが、彼ら外国の読者よりも私をいっそう喜ばせてくれるのは、私の本など読んだことがなく、私の名前も、哲学という言葉もついぞ耳にしたことがないような人々である。彼らは私が何処《どこ》へ行こうと、例えばこのトリノにおいても、私の姿を見掛けると、誰しもみな晴れやかで和やかな顔になるのである。これまで私が一番悪い気がしなかったことといえば、露店で葡萄《ぶどう》の呼び売りをしている老婆《ろうば》が、売りものの葡萄の中から私のために最も甘い房を探し集めてくれないうちは、安心した顔を見せなかったことだった（訳注　一八八八・十二・二一付ニーチェの母宛書簡参照）。哲学者たるものはざっとこれくらいにならなけりゃあ駄目《だめ》である。……ポーランド人はスラヴ人の中のフランス人と呼ばれているが、理由のないことではない。魅力を具《そな》えたロシア婦人なら、私が何人種に属しているかを、一瞬たりとも見誤ることはないであろう。厳《いかめ》しい素振りを示そうとしても私にはうまく行かないのだ。せいぜいまごつくだけである。……私は何でも出来るが、ドイツ的に考え、ドイツ的に感じること――これだけは私の力量を超えているのである。私の旧師リチュル先生は、君は文献学の論文さえも、まるでパリの小説家のように――ばかに面白《おもしろ》く構想するんだね、とよく言ったものだった。そのパリにおいてさえ、人々は「私の大胆と繊細のすべて」toutes mes audaces et finesses――この表現はテーヌ氏に依《よ》る――に驚いている始末だ（訳注　一八八八・十二・十四付テーヌのニーチェ宛書簡参照）。私の書くものには、最高形式の酒神讃歌《ディテュランブス》に至るまで、ことによるとあの塩、決して気の抜けない――つまり「ドイツ的」にならない――エスプリという塩が加味されている、と思われはしないかと私は気がかりである。……私としては他《ほか》にやりようがないのである。神よどうか救いたまえ！　アーメン（訳注　一五二一年四月十八日ルターがヴォルムス帝国議会でした所信表明の結語として知られている）。――われわれはみな、長耳動物（訳注　驢馬のこと。愚鈍の意にかける）とはどういう動物であるかを承知している。経験的に知っているという人さえなかにはいる。よろしい。それなら私は敢《あえ》て主張するが、この私は最も短い耳の持主である。このことは女性たちの関心を少からず引くことになるだろう。誰よりも私が女性の理解者であると、彼女たちは感じるだろうと思われるのだが？ ……私はずば抜けたアンチ驢馬である。したがって世界史的な一個の怪獣である。——私はギリシア語でいえば、否《いな》、ギリシア語だけでなくドイツ語で言っても同じだが、アンチクリストである。……

三

私はまあどちらかといえば著作家としての私の特権を知っている方である。私の著作に慣れ親しむとどんなにひどく趣味を「損傷させ」てしまうかも、幾つかのケースで私には証明ずみである。簡単に言うと、私の著作に慣れ親しむと、他の本にはもう我慢できなくなるのだ。哲学書などはその最たるものである。高貴でそしてデリケートな私の著作の世界に足を踏み入れることは、比類ない一つの特典である。——この特典に与《あず》かるためには、人は絶対にドイツ人であってはならない。結局これは、受けるにふさわしい人にのみ当然のこととして与えられているような特典にほかならないからである。しかし、意欲することの高さという点で私によく似た人であるならば、私の著作に触れたとき、学習することの真の恍惚感《エクスターゼ》を体験することであろう(37)。私はどんな鳥もかつて飛んだこともないような高所から舞い降りて来たからだ。また、どんな足もまだ迷い込んだことのないような深淵《しんえん》を知っているからだ。かつて私に、貴方《あなた》のご本を読み始めたら手離すことができない。――貴方は安眠の妨げになりかねませんね、と語った人もいた。……およそ私の本より以上に、矜持《きょうじ》に満ちて、それでいて洗練された種類の書物がほかにあるなどとは、断じて思えない。――私の書物はそここで、地上において到達し得る最高のもの、あの冷笑主義《ツュニスムス》の域に到達している。このような書物を征服するには、繊細きわまる指と、大胆きわまる拳《こぶし》との、両方をもってせねばなるまい。魂に少しでも虚弱な処があったら、もう駄目だ。絶対に駄目である。消化不良の気味が少しあるだけで駄目なのである。神経などに用はない。下腹部が御機嫌よく満ち足りていなくてはならない。魂に貧しさがあったり陋臭《ろうしゅう》が漂ったりしているようではもとより駄目だが、それよりもさらに一段と具合が悪いのは、はらわたの中に臆病《おくびょう》卑劣、不潔不純、秘《ひそ》かなる復讐《ふくしゅう》好きの心が宿っていることである。いいかえれば、書物の中の私の一語は、読む人のあらゆる劣悪な本能をありありとその人の表情に浮かび上がらせてしまう力を持っているのだ。私は知人の幾人かを実験用動物にしていて、私の著作に対する反応が人によってまちまちで、何か教訓がそこから得られそうなほどにまちまちだということを肝に銘じるために、彼ら知人を手掛りにしているのである。私の著作の内容とは関《かか》わりになるまいと思っている人、例えば私の自称友人たちは、そういうときには「非個人的」になる。つまり、「ご本を出すまで」に再びなられてお目出度うございます——文章の調子が一段と明るくなられたことに進歩の跡が窺《うかが》われますね、などと言うのである。……完全に不埒な「精神」たち、「美しき魂」どもは、つまり根っからの虚言家たちのことだが、彼らは私の著作をどう扱ったらよいのか、皆目見当もつかないのである。——そこで私の著作は自分たちより下位にあるのだと見てとるのだが、これこそあらゆる「美しき魂」たちの示す首尾一貫せる美しき論理にほかならない。私の知人たちの中でも頓馬な連中、失礼ながらこれは単なるドイツ人ということなのだが、この連中は私に向かって、必ずしもご意見に同調するわけではありません、しかし、ときには……などと仄《ほの》めかすのである。……かの『ツァラトゥストラ』についてさえ、こんな言い方がなされるのを私は耳にした覚えがある。……同様に、人間の中に潜む、男の中にも潜む「女性崇拝《フェミニズム》」は、いずれもみな私への門扉《もんぴ》を閉ざすものだ。「女性崇拝」などを抱いていては、これほど大胆不敵である認識の迷宮の中へ足を踏み入れるわけには到底いかないだろう。もっぱら苛烈《かれつ》な真理ばかりが存在する中にあって爽快《そうかい》明朗でいられるためには、いまだかつて自分の身を労《いた》わったことのない者、自分の習慣の中に苛烈さを潜ませている者でなければならないであろう。完全な読者というもののイメージを私が思い描いてみるなら、いつもきまって、勇気と好奇心の混じった一個の怪獣になる。さらにまた、何かしなやかなもの、狡智《こうち》に長《た》けたもの、思慮深いものを備えている、生まれつきの冒険家であり発見者でもあるような存在になって来る。とどのつまりはこうである。要するに私がもっぱら誰に向かって語っているかは、かつてツァラトゥストラが次のように言った以上には、私にはどうやらうまく言えそうもない。つまり、ツァラトゥストラはもっぱら誰に向かって自分の謎《なぞ》を語り聞かせようとしているのだろうか。

君たち大胆な探究家たち、実験家たちに向かってだ。狡智の帆を揚げて恐るべき海に乗り出したことのある者たちよ。——

君たち謎に酔い痴《し》れ、薄明を喜ぶ者たちに向かってだ。君たちは笛の音に誘われてどんな迷いの淵《ふち》にも誘《おび》き寄せられる魂の持主だ。

——君たちは臆病な手で一条の糸を探り探り歩もうなどとは思わない人たちだからだ。そして君たちは推察することが可能であるような場面に来たら、推論することを憎む人たちだからだ。（訳注『ツァラトゥストラかく語りき』第三部「幻影と謎」一）

四

ついでに私は私の文体の技法について、なおひとこと一般的なことを述べておく。

パトスを孕《はら》んだ一つの状態、一つの内的緊張を、記号によって、並びにこの記号のテンポによって伝達すること——これがおよそ文体というものの意味であると言っていい。ところが私の場合には、内的状態が人並み外れて多様であるからして、この点を考慮に入れると、私には多くの文体の可能性が存在するわけである。——いまだいかなる人間も駆使し得なかったほどの多種多彩な文体の技法が一般に成り立つという意味である。およそどんな文体でも、一つの内的状態を如実《にょじつ》に伝達しているのであれば、それは良い文体である。そういう文体は記号、記号のテンポ、身振り——掉尾文《ちょうび》[38] Periode のすべての法則は身振りの技法である——に関して誤った把《と》え方をしない。私の本能はこういうことにかけては間違いを犯さない。——良い文体それ自体——というような考え方はまったくばかばかしい考えであり、単なる「観念論《イデアリスムス》」であって、例えば「美それ自体」とか、「善それ自体」とか、「物自体」とかいうのと同じである。……が、何と言っても、その文体を聞いて分る耳の持主が存在するということ、書き手と同じだけのパトスを持つ能力もあれば資格も備えた読み手が存在するということ、いいかえれば、書き手が自分を伝達するに足る相手にこと欠かないということ、これが依然として良い文体というものの前提をなしている。——例えば私の『ツァラトゥストラ』は今のところまだそういう読み手を捜している有様である。——ああ！ これからも当分捜さなければならないであろう！　――ツァラトゥストラの言葉を聞くだけの値打ちを備えた人間が現われなくてはならないのだ。……その日の来るまでは、当作品の中で惜しみなく用いられている技法を理解する者は一人もいないだろう。事実上この作品のためにはじめて創《つく》り出されたような芸術的手法、新鮮で前代未聞の手法を、これほどまでに浪費しなければならなかった人は、かつて私のほかにはいなかった。あのような代物《しろもの》が、ほかでもない、ドイツ語で可能であったということは、永い間証明されないままで来た。私自身でさえも『ツァラトゥストラ』を書く以前なら、あのようなことがドイツ語で可能であるという証明を行うことは、最も強硬に断っていたであろう。私以前には、ドイツ語で何を行うことが出来るか――そもそも言葉で何を行うことが出来るかは、誰にも分っていなかったのだ。崇高な、超人的な情熱の、大波のような上下動を表現するための大きなリズムの技法、掉尾文の大型の様式は、私によってはじめて発見されたのである。「七つの封印」と題した『ツァラトゥストラ』第三部の最後にある酒神讃歌《ディテュランブス》によって、私はこれまで詩《ポエジー》と呼ばれてきたものを飛び越えて、はるか千マイルの高さにまで達したのだ。

五

——私の著作からは比類ない一人の心理学者が語っている、このことはおそらく良い読者が最初に到達する洞察《どうさつ》であろう。——良い読者とは、私を読むにふさわしい読者、つまり昔の秀《すぐ》れた文献学者がホラチウスを読んだのと同じようにして私を読んでくれる読者のことである。世間の人が——凡俗哲学者や道学者、その他のからっぽ鍋《なべ》やキャベツ頭（訳注 Hohltöpfen, Kohlköpfen という語呂合わせをしている）は問題外として——こぞって究極的に意見の一致を見ているような諸命題が、私の著書においては、浅墓な間違いとして扱われているのである。例えば、「非利己的」unegoistisch と「利己的」egoistisch とは対立し合った関係にあるとするような信仰がそれだが、私に言わせれば、「自己」ego そのものが単に一つの「高級ぺてん」、一つの「理想」にすぎないのである。およそ利己的な行動も、非利己的な行動も、じつはどちらも存在しない。どちらの概念も、心理学的には成り立たないナンセンスである。あるいは「人間は幸福を求めて努力する」という命題。あるいは「幸福は美徳の報いである」という命題。……あるいは「快と不快とは対立した関係にある」という命題など、これらはみなナンセンスである。……人類を惑わす魔女《キルケ》（訳注 『オデュッセイア』に出てくる、人を豚に変える妖魔）である処の道徳が、あらゆる心理学的な事象を根こそぎまやかしと化して来た——すなわち道徳化して来た——その揚句、愛とは「非利己的」なものでなくてはならないと説く、あの戦慄《せんりつ》すべき荒唐無稽《むけい》についに到達してしまったのである。……が、人はしっかりと自己の上に腰を据《す》えていなくてはなるまい。また自分の両足で毅然《きぜん》として立っていなくてはなるまい。さもなければ、人を愛するなんてことは出来ない相談なのだ。この点は結局、女の方がずっと良く知っている。女というものは、自我がなくてただ単に公平にすぎないというような男には、興味を示さないものである。……ことの序《つい》でに、私は女をよく知っている人間だという推測を敢て述べることをお許し頂けようか？　これは私がディオニュソスから貰《もら》い受けた賜物《たまもの》の一つである。ひょっとすると私は「永遠に女性的なるもの」（訳注　『ファウスト』の有名な一句）の機微に通じた最初の心理学者かもしれない。女という女はみな私を愛してくれる。——これもべつに今さらの話でもあるまい。とはいえ、事故に会った女、子供を産む道具を失った例の「解放された婦人」たちは、また話が別であるが。——幸いなことに私には八ツ裂きにされたいという気がないのである。完全な女というものは、自分が愛するときには相手を八ツ裂きにするものなのだ。……私はそういう愛すべき狂乱巫女《マイナス》（訳注　ディオニュソスに仕え、酒に酔い狂態を示す女）たちを知っている。……ああ、何という危険な、忍び足で歩く、地下に住む、小さな猛獣！　それでいて何とまあ好ましい！

小さな女でも、復讐心に駆られると、運命そのものを突き倒すことになり兼ねないだろう。——女は男より、言いようもないほどに邪悪である。男より利口でもある。女に善良さが認められるとき、早くもそれは女としての退化の一形式である。いわゆる「美しき魂」などというものの根底には、生理学的な障害がある。——この点についてはこれ以上洗いざらいには言わないことにする。さもないと私は医学的（半ば冷笑的）medicynisch（訳注 医学的 medizinisch と半ばシニカル・冷笑的・犬儒的 medi-zynisch とを掛けている）になってしまうから。男女同権のために闘争するなどというのは、病気の一徴候ですらある。医者なら誰《だれ》でもこのわけを知っている。——女は、女らしい女であればあるほど、権利がどうだこうだということ一般に対して、手足を挙げて抵抗するものなのである。なぜなら両性間の自然状態、すなわち永遠の戦いは、女の方に断然優位を与えているのだから。——私がかつてなした愛の定義に耳を貸す人がいただろうか。あれは哲学者が下すにふさわしい唯一《ゆいいつ》の愛の定義なのだが。すなわち愛とは——その手段においては戦いであり、その根底においては両性間の命がけの憎悪《ぞうお》である、と。——どのようにして女を治療したらよいか——「救済」したらよいか、この問いに対する私の答えを聞いた人はいるだろうか。子供を産ませることである。「女は子供を必要とする。男はつねにその手段にすぎない」（訳注『ツァラトゥストラ』第一部「老いた女と若い女」）とツァラトゥストラも語った。——「女性解放」とは何か。これはうまく一人前にならなかった女、すなわち子を産む力を持たない女が、出来の良い女に対して抱く本能的憎悪のことである。——彼女らが男に戦いを挑《いど》むと言っているのは、いつもただ手段であり、口実であり、戦術であるにすぎない。彼女らは自分たちをもっぱら「女そのもの」、「高級な女」、女の中の「理想主義者」として持ち上げることによって、じつは女の一般的な位階水準を引き下げることを欲しているのである。これを実行する手段としては、高等教育、ズボン、やじ馬参政権（訳注 Stimmvieh-Recht が原語。ただし参政権は Stimmrecht で、Stimmvieh はアメリカの voting cattle に当てはまる）といったものほど、確実なものはない。要するに、解放された婦人というのは、「永遠に女性的なるもの」の世界におけるアナーキストであり、復讐の本能を心の奥に秘めている、女性失格者たちである。……最もたちの悪い「理想主義《イデアリスムス》」という名の一種目は——これは男性にも現われることがある。例えば、ヘンリック・イプセンというあの典型的老嬢におけるように——この最もたちの悪い「理想主義《イデアリスムス》」は、性愛における疚《やま》しさのなさ、自然さに、毒を盛ることを目的としている。……この点に関して私が正直でそして厳格な信念を持っていることにいささかの疑いも残したくないので、私は、私の道徳法典の中から、悪徳に対抗する一条をここに披露《ひろう》しておきたい。悪徳という言葉を用いて私が戦いをしかけて来た相手は、あらゆる種類の反自然であり、美しい言葉がお望みなら、あらゆる種類の理想主義《イデアリスムス》だといっていい。この私の一条[39]は曰《いわ》く、「純潔童貞への説教は、反自然への公然たる煽動《せんどう》なり。性生活のいかなる侮蔑《ぶべつ》も、また《不潔》といふ概念による性生活のいかなる不潔化も、生に対する犯罪そのものなり。――生の聖なる精神に反抗する本来の罪なり。」――

六

心理学者である私を理解して頂くために、私は『善悪の彼岸』に出てくる心理学の珍しい一小節を取り上げてみることにする。――ただし、私がこの個所で誰のことを描写しているかに関する臆測《おくそく》は、いっさいお断りする。「誘惑の神であり、良心という鼠《ねずみ》を取ることにかけては生まれながらの名手でもあるあの姿を晦《くらま》した偉大な男(訳注 笛を吹いて鼠を集め、次に子供を誘惑して姿を晦した伝説上のハーメルンの笛吹き男のこと)、かの男にも比すべき心情の天才よ。彼の声は、あらゆる魂の冥界《めいかい》へまで降りて行くことが出来、彼が一語を呟《つぶ》やき一瞥《いちべつ》を投げるや、必ずそこには相手の心を誘惑しようとする気配りと感情の襞《ひだ》が認められるであろう。彼の名人芸の一つは、自分をあれこれ見せ掛ける術《すべ》を知っていることなのだが――ありのままの自分を見せ掛けるのではない。彼の言う通りに従う人々には一段と強制的に作用するような何かを見せ掛けるのである。その結果、ますます彼の身近に迫って、ますます心底から彼の言う通りに従わざるを得ないようにさせてしまうであろう。……こういう心情の天才よ。彼は大声で喚《わめ》き立てる者や自惚《うぬぼ》れていい気な者を黙り込ませて、自分の言葉にじっと耳を傾けることを教えるであろう。彼はまた粗暴な魂をなめらかに磨《みが》いて――一枚の鏡のように静かに横になり、やがて自分の上に深い空を映し出せるようになりたいものだとの新しい願望を、その魂に味わわせることになるであろう。……心情の天才よ。彼はがさつでせっかちな手に対して、躊躇《ためら》うこと、もっと物を優雅に摑《つか》むことを教えるであろう。彼は隠され忘れられていた宝、慈愛と甘美な霊性の滴《したた》りを、濁った厚い氷の底に嗅《か》ぎ当てるであろう。彼は多量の泥《どろ》と砂の牢《ろう》獄《ごく》の中に久しく埋もれていた黄金の粒を、一粒もあまさず探り当てる魔法の杖《つえ》にも似ている。……心情の天才よ。誰でも彼の身体に触れてからそこを立ち去ると、いっそう豊穣《ほうじょう》になっている。その豊穣さは神の恩寵《おんちょう》を授かったという風でも、天啓に襲われたという風でもなく、また、未知の財貨を幸運にも授けられたとか、押しつけられたとかいう風でもない。そうではなく、自分自身がいっそう豊穣になっており、以前とは違った新しい自分になっているということなのだ。そのとき心はうち開かれ、早春の春風に吹かれつい絆《ほだ》されてわが胸の秘密を漏らし、ひょっとすると以前よりもずっと覚束《おぼつか》なくなり、情に脆《もろ》くなり、毀《こわ》れやすくなり、心の張りをなくしてしまうような状態になるのかもしれないが、しかし、それでいてまだ名づけようもないような希望にも満ちていて、新しい意志と奔流とに溢《あふ》れ、また、新しい非・意志と逆・奔流とを抱えることにもなるであろう。……」（訳注　『善悪の彼岸』第二九五番前半より）

悲劇の誕生

一

『悲劇の誕生』を正当に評価して行くためには、忘れてしまわなければならない事柄《ことがら》が二、三あると思う。この本が効果を発揮し、読者を魅了さえしたのは、じつにこの本において失敗と見られていた点によってであった。――すなわちヴァーグナー崇拝運動に本が利用され、あたかも崇拝運動が日出ずる勢いの徴候であるといわんばかりの観を呈したことによってであった。『悲劇の誕生』はまさにその意味でヴァーグナーの生涯《しょうがい》における一つの事件であった。この時を境にして、ヴァーグナーという名前にはじめて大きな希望が寄せられるようになったからである。世間の人は今もってなお、ヴァーグナー崇拝運動の文化価値をこんなにも高く買う意見がのさばるに至ったことで、あなたはいったい責任を感じていないのか、と私に向かって注意を促し、場合によっては、『パルジファル』の中から例を引くようなことまでするのである（訳注『パルジファル』の完成・初演は一八八二年。『悲劇の誕生』とは直かに関係がないし、又、ニーチェが最も嫌った作品だった）。――私は自著がいくたびも『音楽の精神からの悲劇の再生』として引用される[40]ことに気がついた（訳注　「誕生」ではなく「再生」と誤読されたのは、ヴァーグナーによる悲劇の再生というテーマだけがすべてだと思いこまれていたためである）。つまり、世間の人は、この本のうちにヴァーグナーの芸術や意図や使命を表わす一つの新しい命名の方式を聞き取る耳しか持っていなかったのだ。お蔭《かげ》で、この本が根底に秘蔵していた価値ある問題点は、聞き逃されてしまったのである。いっそのこと『ギリシア主義と厭世主義《ペシミズム》』という題名にでもしておけば、紛わしくはなかったかもしれない。というのもこの本は、ギリシア人がどのようにして厭世主義《ペシミズム》を処理したか——何によって厭世主義《ペシミズム》を克服したか、これを最初に教えた書物であったからである。……ほかでもない、ギリシア悲劇の存在こそが、ギリシア人が厭世主義者《ペシミスト》ではなかったことを示す証拠であるといえよう。ショーペンハウアーはこの点で取り違えをしている。もっとも彼は、万事に取り違えばかりしている人だったが。——『悲劇の誕生』は、多少とも公平中立の態度でこれを手に取ってみるなら、大変に時代離れした作品であるように見えて来るだろう。ヴェルト近くの戦闘の砲声が轟《とどろ》く中で書き始められた作品だとは、誰《だれ》も夢にも思うまい。じつは私がこの本の中の問題を考え抜いたのは、メッツの城壁を前にして、寒い九月の夜々に、傷病兵看護の任務に丁度ついている最中だった。この本はむしろそれよりも五十年も前に出ていた本だと世間ではすでに思われているのかもしれない。それほどにもこの本は政治的に無関心なのである。――それほどにも「非ドイツ的」なのだと、今日なら言われるだろう。――ヘーゲルの悪臭がふんぷんとした書物である。二、三の慣用的言い回しにおいてだけ、ショーペンハウアー流の葬式用香水が振りかけてある。一つの「イデー」――ディオニュソス的とアポロン的との対立という――が、形而上《けいじじょう》学的な界域にまで翻訳されている。歴史そのものがこの「イデー」の展開として取り扱われている。ギリシア悲劇において、ディオニュソス的とアポロン的という対立は止揚されて、一つになっている。以上のようなものの見方をもって、これまでまだ互いに対面し合ったことがないような物事……例えばオペラと革命といった――が、突然互いに向き合わされ、互いに相手の光を浴びて、理解される、ということが起こっている。……この書の打ち出した二つの決定的な新機軸といえば、第一は、ギリシア人におけるディオニュソス的な現象への理解である。――この書は、ディオニュソス的な現象についての最初の心理学を提示し、同現象をギリシア芸術全体の唯一《ゆいいつ》の根源と見ている。第二は、ソクラテス主義への理解である。ソクラテスはこの本ではじめてギリシア解体の道具として、典型的なデカダンとして、その正体を見破られているのである。本能に対抗するあの「合理性」。危険な暴力、生命の根元を掘り崩す暴力としての、いかなる犠牲をも顧みぬソクラテスの「合理性」！――さらに、この書の全篇《ぜんぺん》にわたって、キリスト教に対する敵意の籠《こ》もった、深い沈黙が守られている。そもそもキリスト教はアポロン的でもなければ、ディオニュソス的でもない。キリスト教はあらゆる美的価値――『悲劇の誕生』が承認している唯一の価値――を否認している。言いかえれば、キリスト教は最も深い意味においてニヒリズム的なのである。この本の中では、ディオニュソスという名の象徴によって、肯定の極限が達成されているというのに、である。ただ、同書の中で一カ所だけ、キリスト教の僧侶《そうりょ》が「腹黒い侏儒《しゅじゅ》ども」「地下的存在」として当てこすられている個所(41)がある。……

二

著作家としての私のこのような出発は、度外れて顕著であったといえるであろう。私は私の最も内的な経験を表わすのにふさわしい、歴史上唯一といっていい比喩《ひゆ》と、内的な経験に釣《つ》り合う唯一の対応物を発見したのであった。――すなわちディオニュソス的なものという摩訶《まか》不思議な現象がそれで、私はほかでもない、右の発見によって、この摩訶不思議な現象を理解した最初の人間となったのである。と同様に、私がソクラテスの正体をデカダンとして見破ったことで、私の心理学的把握《はあく》の確実さが、今後何かの道徳的特異体質の攻撃に晒《さら》されても危うくなるようなことはまず起こるまいとの、全くはっきりした証明が与えられたのであった。——道徳そのものをデカダンの徴候と看做《みな》したことが、認識の歴史における一つの新機軸であり、第一級ともいえる独自の見解なのである。私は以上二つの事柄（訳注　ディオニュソス的なものの発見とソクラテスの正体をデカダンとした認識と）によって、楽天主義《オプティミズム》かそれとも厭世主義《ペシミズム》かといった哀れむべき薄っぺらなお饒《しゃべ》りを、いかに高々と跳び越えてしまったことであろう！　——私こそ本当に対立し合う二つのものをはじめて見た人間だ。——すなわちその一方は、地下的な復讐《ふくしゅう》欲を抱いて生に敵対する退化していく本能である。（——キリスト教、ショーペンハウアーの哲学、ある意味ではすでにプラトンの哲学、要するに観念論《イデアリスムス》の全体が、その典型的な形式だといえる。）対立し合うもう一方は、充満から、漲《みなぎ》り溢《あふ》れる過剰から、生まれた一つの最高の肯定の方式、苦悩や罪に対してさえ、生存におけるあらゆるいかがわしいものや奇異なるものに対してさえ、留保なしに然《ヤー》りと言う態度である。……この後者の方の、生に対する歓喜に満ちた、はち切れんばかりに意気潑剌《はつらつ》とした生の肯定は、単に最高の洞察《どうさつ》であるばかりではない。これはまた最深の洞察でもあり、真理と学問とによって最も厳正に確認され、維持されて来た洞察でもあるのである。およそ世に存在するもので、除去してよいものなど一つとしてない。無くてもよいものなど一つとしてない。——それどころか、キリスト教徒やその他のニヒリスト達《たち》によって拒否されて来た存在の諸側面は、価値の順位からいえば、デカダンス本能があえて是認し（gutheissen）、善と呼ぶ（gut heissen）ことを許されて来たものよりも、無限に高い位階を具《そな》えているのである。このことを理解するには勇気が必要である。その勇気を持ち得るための条件としては、あり余るほどの力が必要である。なぜなら、勇気が敢て前進することを許される度合いに正確に応じて、すなわち力の量に正確に比例して、人は真理に近づいて行くものなのだから。認識するとは、現実に対し然《ヤー》りを言うことだが、これが強者にとって止《や》むにやまれぬまでに必要であるのと同様に、弱者にとっては、弱さのインスピレーションに触れるや否《いな》や、現実に対する臆病《おくびょう》さと現実からの逃避が——すなわち「理想」が、止むにやまれぬまでに必要となって来るのである。……認識することは、弱者の思い通りにはならない。デカダンの徒は嘘《うそ》を必要とするからだ。嘘は彼らの自己保存のための要件の一つである。——「ディオニュソス的」という語を単に理解しているだけではなしに、「ディオニュソス的」という語で自分を理解している人であれば、いまさらプラトンやキリスト教やショーペンハウアーを論駁《ろんばく》する必要を少しも感じないであろう。——そういう人はこれらのものの腐り行く臭いを嗅ぎ取っているのだから。……

三

たった今述べたことに関連して、私がどれほど深く「悲劇的」という概念を考え、どれほど深く悲劇の心理学の本質について最終的認識を見出《みいだ》すに至ったか、この点について、私はつい先頃《さきごろ》も『偶像の黄昏《たそがれ》』の一三九ページにおいて次のように表現しておいた。「生の最も異様にしてまた最も苛酷《かこく》な問題に悩んでいる最中でさえも、なお生に対し然り《ヤー》と肯定すること、生が自らの無尽蔵を愉《たの》しみつつ、その最高のタイプを惜し気もなく犠牲に捧《ささ》げている最中における生への意志――これこそ私がディオニュソス的と呼ぶものにほかならない。これを私は悲劇詩人の心事を理解するための架け橋と解している。アリストテレスは誤解しているのだが、悲劇詩人が悲劇をものしたのは、恐怖や同情から自分が解放されるためではないし、何らかの烈《はげ》しい自己発散によって危険な情念から自分を浄化するためでもないのである（訳注　古来アリストテレスのカタルシスをめぐって、瀉出説と浄化説の二つの解釈が主流をなして来たことを暗示している）。そうではなくて、恐怖や同情を遥《はる》かに超え出て、生成の与える永遠の快楽そのものに、破壊の快楽をさえも内に含んでいるほどのあの快楽に、なり切らんがためにほかならない。……」（訳注　『偶像の黄昏』「私が古人に負うているもの」五）以上のような意味において、私は自分自身を最初の悲劇的哲学者と解する権利を有しているのである。

――悲劇的哲学者というのは厭世主義の哲学者の極端な正反対、対極者のことを言うのだ。こんな風に、ディオニュソス的なものが哲学的パトスに転換された例は、私以前にはない。悲劇的知恵が欠けていたからである。――そこで、悲劇的知恵のかすかな気配が私以前のどこかにないものかと、私は哲学に関《かか》わる偉大なギリシア人たち、つまりソクラテスより二世紀も前のギリシア人たちのなかを探してみたのだが、無駄《むだ》であった。ただ一つだけ、その気配がないとは言い切れないとの思いが残ったのは、ヘラクレイトスの場合である。この人のそば近くにいると、私は他《ほか》のどこにいるときよりもおしなべて暖かさを覚え、快い気分になって来るのである。ヘラクレイトスにおける流転《るてん》と破壊の肯定は、ディオニュソス的哲学における決定的要素であって、対立と闘争とを然りと肯定し、「存在」という概念をさえも徹底して退けて憚《はばか》らない生成――私はこの中にこそ、何はどうあろうとも、過去に思索された考えの中で私の考えに最も親縁性を持つものがあると認めないわけにはいかないのだ。「永《えい》劫《ごう》回帰」説、万物は何の制約も受けず無限に循環を繰り返すという説――ツァラトゥストラのかの教説は、結局は、ヘラクレイトスによってすでに一度は説かれていたといってもよいのかもしれない。少くとも、ほとんどすべての基本的観念をヘラクレイトスから受け継いでいるストア学派は、この教説を説いたらしい痕跡《こんせき》を残している。――

四

『悲劇の誕生』という著作から語り掛けて来るのは、一つの巨大な希望である。音楽のディオニュソス的未来に寄せるこの希望を、私が取り下げなければならないどんな理由も、ついには見当らない。眼差《まなざ》しを百年先に向けてみよう。二千年間の反自然と人間冒瀆《ぼうとく》を葬《ほうむ》らんとする私の謀殺計画が成功した場合を考えてみよう。そのときには、生を擁護する新しい党派が現われ出《い》で、すべての使命の中でも最大の使命である人類の高度な陶冶《とうや》を、勿論《もちろん》、退化する存在や寄生的存在を容赦なく絶滅する使命をも含めてだが、一手に掌握することとなり、地上におけるかつての生の過剰状態を再び可能ならしめることになるであろう。そこからは、ディオニュソス的状態もまた再び生い育って来るに相違ない。私はとある悲劇的時代の到来を約束しておく。すなわち、生を肯定する最高の芸術である悲劇が、やがて再び誕生するであろう時代のことだが、その時代には、人類は最も過酷でありかつまた最も必然的であった数々の戦争の意識を経験し尽した揚句、それに悩まない状態に立ち至っているであろう。……私は心理学者であるとしたら、さらに次の点を付言することが許されるかもしれない。私が若い歳月にヴァーグナーの音楽に触れて聴き取ったものは、そもそもヴァーグナーとは何の関係もないのだというあのことを（訳注　ここで唐突にヴァーグナーが出て来るのは、ここまでに音楽のディオニュソス的未来への希望と悲劇時代の到来を述べ、それが自分の若い時代のヴァーグナー傾倒とは別であることを言いたいためと思う）。もしも私が当時ディオニュソス的音楽について記述していたのだとしたら、それはこの私が聴き取ったことを記述したまでなのである。——私は本能的にあらゆる物事を、自分の内部に蔵していた新しい精神へと翻訳し、変形して行かざるを得なかったまでなのだ。その証拠だが、証拠としてはこれほど強力なものはないはずであるが、『バイロイトにおけるヴァーグナー』という私の著書である。あの本の中で心理的に決定的な意味を持つあらゆる個所では、じつはただ私のことだけが語られているのである。——読者はあの本の原文でヴァーグナーという語が出て来たら、それを遠慮なく私の名前か「ツァラトゥストラ」という語と置き換えて読んでいっこう差し支えない。あの本に描かれている酒神讃歌《ディテュランプス》的な芸術家の姿は、そっくりそのまま、後にツァラトゥストラを創《つく》る詩人の霊魂先在的な姿である。それは深淵的《しんえんてき》な深さを以《もっ》て描き出されていて、ヴァーグナーの実在の姿には一瞬たりとも触れてはいない。ヴァーグナー自身もそのことは了解していた。あの本を読めば自分に再度出会えるなどと彼はまったく考えていなかった。——同様に「バイロイトの思想」（訳注『反時代的考察』第四篇第八節末尾参照）も、いつしかある別のものに変貌《へんぼう》をとげて行った。この別のものは私の『ツァラトゥストラ』に精通している人にはべつに謎《なぞ》でも何でもない、すぐ分ること、つまりあの大いなる正午のことだ。最も選び抜かれた人々だけがあらゆる使命の中の最大の使命に身を献ずるというあの思想のことだ。――誰が知ろう？　この思想こそ私がこれから生きて体験するであろうある祝祭の幻影《ヴィジョン》にほかならない。……あの本の最初の数ページのパトスは世界史的である。その第七ページ（訳注　『反時代的考察』第四篇第一節末尾参照）目で述べられている眼差しは、正真正銘のツァラトゥストラの眼差しである。その辺りに出て来るヴァーグナーとか、バイロイトとか、小っぽけなドイツ的惨《みじ》めったらしさのすべては、一片の雲にすぎないのであって、この雲に無限に大きい未来の蜃気楼《しんきろう》が映し出されているという具合だ。この本の心理的な面においてさえ、私自身の天性の決定的ともいうべき諸特徴が、ことごとくヴァーグナーの天性の中へ取り込まれているのである。――諸特徴とはすなわち、最も明るい力と最も不吉な力との共存、いまだかつて一人の人間が所有し得たことのないほどの権力への意志、精神的な領域における傍若無人ともいえる勇敢さ、そしてそのために行動への意志を押し潰《つぶ》したりは決してしない、無制限な学習への力。この著書においてはすべてが予言的である。すなわちギリシア精神の再来の日が近いことや、ギリシア文化のゴルディアスの結び目（訳注　これを解いたものはアジアを支配すると伝えられ、アレクサンダー大王が前三三三年に刀で両断した）を、いったん解けた後で再び結、び、直している反アレクサンダーの徒の出現が必至であること（訳注『反時代的考察』第四篇第四節参照）など、すべてが予言的である。……三〇ページ（訳注 同書第四篇第四節末尾参照）で「悲劇的な志」の概念を導入している際の、世界史的アクセントをひとつ聴いて頂きたい。この著書にあるのは世界史的アクセントばかりである。これはおよそ存在し得る限り最も異様な「客観性」である。それというのも、私が何者であるかに関する絶対的な確実さが、ヴァーグナーというような一つの偶然の実在の上に投影されたのだからである。――私に関する真実は、こうして恐しいような深みから語り出された。七一ページ（訳注 同書第四篇第九節参照）では『ツァラトゥストラ』の文体が、念の入った間違いのなさで叙述され、先取りされている。そしてツァラトゥストラという出来事、この人類の大きな清浄化と至淳化《しじゅんか》との業《わざ》に対して、あの本の四三ページから四六ページ（訳注 同書第四篇第六節参照）にかけて見出される表現以上に、雄渾《ゆうこん》な表現を見出すことは今後決してないであろう。――

反時代的考察

一

四篇《ぺん》に及ぶ『反時代的考察』は、徹底して、好戦的である。私が「夢想家ハンス」（訳注　シェイクスピア『ハムレット』第二幕第二場の「夢想家ジョン」のA・W・シュレーゲルによる訳語で、『悲劇の誕生』七参照）ではなかったことを証明している。剣を抜くことが私の愉《たの》しみでもあり――おそらくは私が危ういまでに腕ききであることをも証明している。第一篇における攻撃（一八七三年）は、ドイツ的教養に向けられた。私はドイツ的教養なるものを当時早くも容赦のない軽蔑《けいべつ》の目で見下していた。意味もなく、実体もなく、目標もない、単なる「世論」にすぎないのである。ドイツ人の軍事上の大成功はドイツ的教養にとっても何ほどか有利なことを証明している、であるとか、――フランスに対するドイツ的教養の勝利をまでも証明している、などといったことを信じることほど、たちの悪い誤解はあるまい。……『反時代的考察』第二篇（一八七四年）は、われわれの学問研究の遣《や》り方における危険な側面、生を蝕《むし》ばみ毒する側面を明るみに出した。学問研究にみられる非人間化した歯車とメカニズム、研究者の「人格の不在」、「分業」という名の誤てる節約経済のために、生は病んでいるのだ。そもそもの目的、文化が失われている。——そして近代的学問研究という名の手段が野蛮を引き起こしつつある。……この論文においては当世紀が誇りにしている「歴史的感覚」が、はじめて病気として、衰亡の典型的徴候として認識された。——これに反し『反時代的考察』の第三篇と第四篇では、文化という一段と高い概念を示す指標、「文化」という概念の再建のための指標として、最もしたたかな我執の心、自己陶冶の心（訳注　Selbstsucht, Selbstzucht と並べ、一文字違いの言葉遊びをしている）を持った二人の像が提出されている。この二像はきわめつきの反時代的タイプであり、周囲の「帝国」、「教養」、「キリスト教」、「ビスマルク」、「成功」などと称するいっさいのものに対して、王者的な侮蔑の目を向けている。その二つの像とは——すなわちショーペンハウアーとヴァーグナー、もしくは、一語でいえば、ニーチェ[42]……

二

この四つの謀殺行為の中でも最初の行為は並外れた成功を収めた。それが引き起こした騒ぎはあらゆる意味で眼《め》を見張る素晴しさだった（訳注　出版後半年で、賛否あい半ばする十三篇の論評が出ている）。私は勝ち誇っている一国民の傷口に触れていたのである。——私は彼らの勝利が文化的出来事などではなく、おそらくは、そう、おそらくは、何かまったく別のものではないかと問うたのだった。……これに対する答は四方八方から来て、単にダーフィト・シュトラウスの旧友たちからばかり来たわけではない。ダーフィト・シュトラウスというのは、私がドイツ的教養俗物の典型、自己満足家の典型として、要するに『旧《ふる》い信仰と新しい信仰』という居酒屋的福音書の著者として、あの本の中で滑稽《こっけい》扱いしておいた人物である(――教養俗物 Bildungsphilister という語はこの私の本に始まり、以来ドイツ語の中で普通に使われるようになった)。私はシュトラウスの旧友たちにも、ヴュルテンベルク人およびシュヴァーベン人と名指しして、含みのある当てこすりをしておいたので、彼らにとっての驚異の人物シュトラウスを私が笑い者にしたと分ったときには、私が願ってもないことだと思ったほどに、彼らは馬鹿《ばか》正直な、しかも粗暴な応答をして来た。プロイセン人の返報はもっと利口だった。流石《さすが》に垢抜《あかぬ》けした「ベルリン青」(訳注　一七〇四年ベルリンの化学者ディースバッハが発見した装飾用・絵画用顔料で、有名だが、ここの使用意図不明)をもっと含んでいた。なかでも最も無礼きわまることをしたのはライプツィヒの一新聞、かの悪評高い『グレンツボーテン』であった[43]。憤激したバーゼルの友人たちを宥《なだ》めるのに私は苦労したほどである。無条件に私の味方をしてくれたのは、ほんの二、三の老人だけだったが、味方をしてくれた理由はいろいろこみ入っていて、不分明な点がないでもない。その中にはゲッティンゲン大学のエーヴァルト教授（訳注　ハインリヒ・エーヴァルト。一八〇三—七五。オリエント学者、旧約聖書学者で、当時すでに大学を退官していた）がいる。彼は私の行った襲撃はシュトラウスにとっては致命的なものになったと仄《ほの》めかした（訳注　出典不明）。同じように老ヘーゲル学徒ブルーノ・バウアーも私に味方してくれた一人で、彼はあの時から最も注意深い私の読者の一人になったのである。バウアーは晩年、人に私の本を参照するようにと勧めるのを好んだ。例えば、プロイセンの史料編纂家《へんさんか》フォン・トライチュケ氏に向かって、氏に分らなくなった「文化」の概念について、誰の著作を読めば教えてもらえるか、というヒントを与える際にそう言っていた。(44)『反時代的考察』のこの篇とその著者である私とに関して、最も思慮深くしてまた最も長文の論評を寄せたのは、哲学者フォン・バーダーの古い弟子で、ヴュルツブルク大学のホフマン教授（訳注　カール・フランツ・ホフマン。一八〇四—八一。フランツ・フォン・バーダーの全集編者として知られる）であった。彼は私の同書から、私には大きな使命が託されていることを予見していた。——それは無神論の問題における一種の危機と最高の決断とを招き寄せる使命である。彼は私を無神論を推し進める最も本能的で、かつ最も仮借ないタイプに属すると看破していた。(45)まことに無神論こそ、私をショーペンハウアーへ近づけた当のものにほかならない。——さて、私に寄せられた声援の中でずば抜けて最高度に聞き応《ごた》えがあり、このうえなく痛切な響きを以て受け取られたのは、平生はじつに温和なカール・ヒレブラント（訳注　一八二九―八四。ハイネの秘書をしたこともある新聞記者、教授、評論家、政治家。後半生にニーチェから大きな影響を受けた）の、並外れて強力で、そして勇敢な声援であった。彼はペンを執ってものを書くとはどういうことかを知っていた最後の人間的なドイツ人である。ヒレブラントの当該論文は『アウグスブルク新聞』に載ったが、今では彼の全集の中に、幾分慎重な表現に改められて収められている[46]。そこではこの私の著作が一つの事件、転換点、自覚の第一声、最高の徴候として扱われ、精神的な事柄《ことがら》におけるドイツ的真摯《しんし》さ、並びにドイツ的情熱の真の再来であったと看做《みな》されている。ヒレブラントは私のこの著作の形式、それの持つ成熟した趣味、人間と物事とを弁別することにかけての申し分ない手筋の良さに対し賞讃《しょうさん》を惜しまなかった。ドイツ語で書かれた最良の論争書として、私の著作を称揚している。――論争術というのは、ほかならぬドイツ人にとっては、まことに危険で、とうてい勧められない代物《しろもの》なのであるが。ヒレブラントが無条件に肯定し、それどころか私の論旨をさらに一段と尖鋭化《せんえいか》さえしているのは、私があの本の中でドイツにおける言葉の堕落について敢《あえ》て言っておいたこと（――今日ドイツ人は国語浄化主義者になり澄まし、まともな文章ひとつ書けなくなっているが――）であって、彼はドイツ国民の「一流文筆家」たちとやらに、私に劣らぬ軽蔑を表明した上で、私の勇気――すなわち「一国民のまさに人気者たちを被告席に引き立てる最高の勇気」に讃辞を述べ立てて、筆を擱《お》いている。……私の生涯《しょうがい》を振り返ってみると、『反時代的考察』が後々まで及ぼした影響には、じつに量り知れないものがある。あの日から今日まで、誰《だれ》ひとり私と諍《いさか》いを起こそうとした者はいない。みんな黙っている。ドイツにおいて私はある陰鬱《いんうつ》な用心深さで取り扱われている。ということは、何びとも今日では、少くとも「帝国」においては自在に手に入れることのできない絶対的な言論の自由を、私が長い年月にわたって行使して来たということである。私のこのパラダイスは「私の剣の傘《かさ》の下に」守られているといえる。……結局、私は、スタンダールの格言の一つを実行したまでだ。彼は勧めている、世に出るには決闘をもってせよ、と。(47) しかも、私の敵の選び方ときてはどうだ！　私はドイツ第一流の自由精神《フライガイスト》を選んで来たはずだ。……事実、私のこの選択によって、一つのまったく新しい種類の自由精神活動がはじめて表現されたことになる。今日に至るまで、ヨーロッパとアメリカのいわゆる「自由思想家《リーブル・パンスール》」族くらい私に縁遠く、無関係なものはなかったからである。彼らは「近代理念」を担《かつ》ぐ、いまさら改善しようにもしようのない平板な人びとであり、道化役者であって、私は彼らの敵対者たちの誰彼に対するよりも彼らに対してより深い断絶を覚えるものである。彼らもまた彼らなりの遣《や》り方で、自分たちの似姿に合わせて、人類を「改善」しようと欲している。もしも私が何者であり、私が何を欲していいるかを彼らが理解したなら、私の存在、私の意欲に対し彼らは妥協の余地なき戦いを挑《いど》んで来るであろう。――彼らは揃《そろ》いも揃って今なお「理想」などというものを信じている。……私は最初のインモラリストである。――

三

ショーペンハウアーとヴァーグナーの名前を付して区別されている二つの『反時代的考察』が、特にこの二つのケースの理解に役立つかもしれないとか、あるいはせめて二つのケースの心理学的な問題設定に役立つかもしれない、などと主張する積りは私にはまったくない。当然のことだが、二、三の例外点はこれを除いての話である。その二、三の例外点の一つは、例えば、ヴァーグナーの本性の基本にあるのが、一種の俳優的な才能であって、この才能がさまざまな彼の手段や目論見《もくろみ》のうちに帰結となって現われているにすぎない、ということが、早くも私の著書の中で、深い本能の確かさをもって指摘されていることである。二つの『反時代的考察』で、結局私がやろうとしていたことは、心理学とはまるきり別の何かであった。――この本の中ではじめて表現化されることを求めているものは、他《ほか》に例のない教育の問題であり、酷薄といっていいほどの自己陶冶、自己防禦の一つの新しい概念であり、そして偉大さと世界史的任務へと向かう一つの道程である。大まかな言い方をすると、私は有名ではあるけれどもまだまったく正体の確かめられていない二人の典型的人物の前髪を摑《つか》んだのである。丁度物事の切掛けというものが、前髪を摑むようにして捕えられるものだというのにもこれは似ている。そしてこれによって私は何かあることを表現しようとした。対《つい》をなす[48]方式、記号、言語手段を今までより多く手に入れようとした。このことは結局、不気味なほどの敏感さで、『反時代的考察』第三篇の九三ページ（訳注　同篇第七節末尾に、ショーペンハウアーがゲーテを自己を写す二重の鏡にした例が述べられている）にも暗示されている。プラトンがソクラテスを利用したのもこんな風であったのだ。つまり、プラトンにとってはソクラテスは一種の記号の役割を果していたのである。――今、若干距離を置いて、『反時代的考察』諸篇によって証拠づけられているあの当時の時代状況を振り返ってみると、これら諸篇が論じているのはとどのつまり私自身にほかならなかったのだということを、私は否認しようとは思わない。『バイロイトにおけるヴァーグナー』という著作は、私の未来を描き出している一つのヴィジョンである。これに対し『教育者としてのショーペンハウアー』の中には、私の最も内的な歴史、私の生成が書き込まれている。とりわけ私の誓約が！……私が今日何者であるかということ、私が今日何処にいるかということ――私は今ある高い処《ところ》にいるので、もはや言葉で語っているのではなく、稲妻で語っているのだが――ああ、あの頃の私はここからまだ何と遠い処にいたことであろう！　――しかしともかく、私は陸地を見るだけは見ていたのだ。――私の眼は一瞬たりとも、航海、海、危険――そしてその先にある成果を見誤ることはなかった！約束の内に込められている大いなる平安、単なる約束のままで終るはずもない未来への幸わせな遠望！　――あの本の中では、一語一語が体験を潜り抜けていて、深く、かつ内面的である。悲痛きわまりない言葉も決してないわけではない。文字通り血の滴《したた》っている言葉もあの中にはある。しかし大いなる自由という一陣の風がそれらすべての上を吹き渡っている。だから血を流している傷の部分さえ、欠点としては作用していないのだ。――どうして私が哲学者というものを一個の恐るべき爆発物と解して、その前に置かれると物みなすべてが危険に曝《さら》されるものだと思っているのか、また私が「哲学者」の概念を、アカデミックな「反芻《はんすう》動物」やその他の哲学の教授連中は言うまでもなく、カントのような存在さえ含めた哲学者という概念から、どうして千マイルも遠くへ引き離して考えているか、そういった疑問について、私のこの著作は量り知れないほどの啓蒙《けいもう》の役を果してくれるであろう。もとより、この本の中で発言しているのは、結局は「教育者としてのショーペンハウアー」ではなく、その対極者である「教育者としてのニーチェ」であることをさえ認めて下さればの話であるが。

——あの本を書いていた当時、私の生業《なりわい》は学者のそれであり、しかも私がこの自分の生業をおそらくはよく心得ていたであろうことを考慮に入れるなら、あの本の中に突然現われる、学者を論じた心理学の辛口の一節（訳注　第三篇第六節を指す）は、決して意味のないものではあるまい。この一節は距離感ということを表現している。私の場合には何が本当の課題であり、そして何がただの手段で、幕間劇《まくあい》で、片手間仕事であり得るのかに関しての、深い確信を表現している。自分が過去に多くのものであり、多くの場所にいたために、いま一つのものになることが出来るし——また、一つのものに到達することも出来るのだということこそ、私の抜け目なさにほかならない。私が一時期のあいだ、学者でもなければならなかったわけなのだ。——

人間的な、あまりに人間的な
および二つの続篇《ぞくへん》

一

『人間的な、あまりに人間的な』は一つの危機の記念碑である。それは自ら「自由な精神のための書」と名乗っている（訳注　副題にこうたっている）。ということは、同書の中のほとんどすべての文章が、何らかの克服を表現しているということである。――つまり、私は私の文章で、私の本性の中にある非本来的なものから、自分を自由にしているのである。私にとって非本来的なものとは、理想主義《イデアリスムス》である。だから同書の表題の言わんとする処《ところ》はこうである。「君たちが理想的な物事を見ている同じ場所に、私は――人間的なもの、ああ、あまりに人間的なものを目にするばかりだ！」と。……私の方が人間というものを良く知っているといっていい。……副題に掲げた「自由な精神」という語は、自分自身を再びしっかり所有して自由になった精神、という以外のいかなる意味に理解されても困る。この本を境に文章の調子、声の響きが、それ以前とはすっかり一変した。一読すればこの本が怜悧《れいり》にして冷静、場合によっては無慈悲であって、そして嘲笑的《ちょうしょうてき》であることが分るだろう。根底にはさらに情熱的な一条の流れが宿っているが、高尚な趣味を持つある種の精神性が、この流れに抗してたえず優位を保ちつづけているように見える。以上との関連においてだが、本書の出版がすでに一八七八年であることの謂《い》わば口実となったのが、じつを言うとヴォルテールの没後百年祭(49)だということには何らかの意味がある。というのは、ヴォルテールは自分に似せて書いた後世のすべての人間とは反対に、何よりもまず精神の貴人であり、私もまた正確にそれ以外の何ものでもないからである。——私の著作の一つにヴォルテールの名前が登場したこと——これはまことに一つの進歩——私自身へ向かっての進歩であった。少し仔細《しさい》に見るなら、この本の中に発見されるのはある情容赦もない精神であって、理想が巣食っているありとあらゆる隠れ家——理想の地下牢《ちかろう》でありいわば最後の安住の地でもあるありとあらゆる隠れ家を知り尽くしている精神なのである。理想が潜んでいるこの地下世界を目がけて、両手に掲げ持った一本の松明《たいまつ》は、断じて「松明のようにゆらゆら揺らめく」光ではなく、切り込むような一条の鮮烈な明るさをもって、奥底をまで照らし出して行く。これは戦争であるといっていい。ただし火薬も硝《しょう》煙《えん》もない戦争、戦闘的身振りも、激情も四肢《しし》の脱臼《だっきゅう》もない戦争である。——が、こうした戦いの仕方それ自体が、まだ「理想主義《イデアリスムス》」を脱け切っていない現われであるといえよう。この本の中では一つまた一つと誤謬《ごびゅう》が氷の上へ置かれて行くのだ。理想は論駁《ろんばく》されているわけではない。——理想は凍え死んで行くだけである。……例えば、この場所では「天才」が凍え死に、片隅を回って少し行くと今度は「聖者」が凍え死んでいる。太い氷柱《つらら》の下では「英雄」が凍え死んでいる。最後に「信仰」が、いわゆる「信念」が凍え死に、「同情」も著しく冷えかかっている。——ほとんど至る処で「物自体」が凍え死んでいる。……

二(50)

この本が最初に着手されたのは、第一回のバイロイト祝祭劇が行われていた数週間の真最中であった。バイロイトで私を取り巻いたあらゆる事柄《ことがら》に対するどこか馴染《なじ》めない深い違和感が、あの本を私が書いた前提の一つである。当時すでにどんなヴィジヨンが私の行方を横切っていたか、この点を分って下さる方なら、私がある日バイロイトで眼《め》が醒《さ》めたときどんな気分を味わったかをも、推察して下さることだろう。私はまるで夢を見ているかのような思いであった。……いったい自分はいま何処《どこ》にいるのか？　とあのとき思った。私は何にも見覚えがなかったからだ。ヴァーグナーをさえほとんど見分けられなかった。私はただ空《むな》しく私の思い出のページをめくってみた。トリプシェン――それはかつて幸わせだった者たちの集う一つの遠い島である。今はそれに似たものの影さえもない。バイロイト劇場の起工式当時のあの忘れもしない懐《なつか》しい日々。それを祝った小人数のしっくりした仲間たち。繊細な物事を扱う指を具《そな》えていて欲しいと今さら望まなくてもちゃんと弁《わきま》えている彼ら。これらに似ているものの影さえも今はない。この間にいったい何が起こったのか？　――この間にヴァーグナーがドイツ語に翻訳されてしまったのだ！　ヴァグネリアンたちがヴァーグナーの主人になってしまったのだ！　――そして何かというとドイツの芸術！　ドイツの楽匠！　ドイツのビール！　と来るのだ。……彼らと一線を画するわれわれは、ヴァーグナーの芸術がどんなに洗練された芸術家にだけ、どんなに良い趣味を持つコスモポリタニズムにだけ語り掛けるものであるかを、十分に承知している。そのヴァーグナーがドイツ的「美徳」で身を飾り立てているのに出会ったとき、私は思わずかっとなって我を忘れた。――私はヴァグネリアンがどういう連中であるかを知っている方だと思う。ヴァグネリアンを三世代にわたって「体験」してきたからだ。すなわちヴァーグナーをヘーゲルと混同した故ブレンデル（訳注　フランツ・ブレンデル、一八一一―一八六八。音楽史家で、『ライプツィヒ音楽新報』の編集者）から始まって、ヴァーグナーを自分たち自身と混同した『バイロイト新聞』の「理想主義者」たちに至るまでだ。——彼ら「美しき魂」たちのヴァーグナーに関するあらゆる種類の告白を私は耳にして来た。その中にただの一語でもよい、気の利《き》いた言葉があったなら、王国をくれてやってもよかった（訳注　シェイクスピア『リチャード三世』の有名な台詞）。——まことに、身の毛もよだつような連中ばかりである！　ノール、ポール、コール[51]と優美に韻など踏んで続々と現われ、きりがない！　およそ奇形不具のたぐいでそこに欠けているものは一つもない。反ユダヤ主義者までも揃《そろ》っている！　可哀《かわい》そうなヴァーグナー！　彼は何処へ嵌《は》まり込んでしまったのか！　——せめて雌豚どもの間に飛び込んでしまったのならまだしもよかったのに（訳注　『マタイ伝』八の三二）！　ところが、ドイツ人たちの間に飛び込んでしまったのである！　……最後に、後日の教訓のためだが、生粋《きっすい》のバイロイト主義者をひとり剥製《はくせい》にしておいたらいかがなものであろう。彼を酒精《スピリトゥス》に漬《つ》けておけばなおのこと結構といえる。なにしろ精神《スピリトゥス》が欠けているのだから。——そしてその容器に、「ドイツ帝国」建設ノ基礎トナリシ「精神」トハカクノ如《ゴト》キモノナリ、とでも貼紙《はりがみ》をしておいたらどうであろう。……私の言いたいことはもうこれでお仕舞いだ。私は祝祭劇の真最中に、二、三週間の予定で、大変に唐突に旅に出た。一人の魅力的なパリ女性（訳注　ルイーズ・オト。一八七六―七七年及び一八八二年にニーチェと文通）が私を慰めようと引き止めたのだけれど。ヴァーグナーへの断りにはただ一通の宿命的な電報を打っただけだった。ボヘミアの森林の奥深くに隠れたクリンゲンブルン村で、私は私のメランコリーとドイツ人への侮蔑《ぶべつ》をさながら病気のように持ち回った。――そしてその傍ら、「鋤《すき》の刃」という総体的タイトルの下に、折に触れ短文を手帖《てちょう》に書き込んでおいた。それらはことごとく苛烈な心理的考察ばかりだが、おそらく『人間的な、あまりに人間的な』の中に、今でも再び見出《みいだ》されるであろう。

三

当時私の身において決定的であったのは、例えばヴァーグナーとの決裂というようなことではない。――私は私の本能の総体的な混迷を感じていたのであって、一つ一つの失策は、その名がヴァーグナーであるにせよ、バーゼルの教授職であるにせよ、要するにこの総体的な混迷の一つの記号にすぎなかったのである。自分に対するある種の苛立たしさが私の身を襲ったのだ。今こそ思いをひそめて再び私自身に立ち還《かえ》らなければならないその時が来ている、と私は見て取った。すると、にわかに恐しいまでに、私は次のことを悟った、どれくらい多くの時間をすでに浪費して来たか――文献学者としての私の存在全体は、私の使命に照らしてみるなら、どれくらい無益で気紛れであったかということを。私はこのような誤った謙遜《けんそん》さを恥じた。……過ぎ去った背後の十年、そのあいだ私の精神の栄養摂取は全面的に本当に止まってしまっていた。そして何か役に立つことを新たに学ぶということもなく、埃《ほこり》にまみれた博学の我《が》楽多《らくた》研究に打ち込んで、あきれるほど多くのことを忘れ果てていた。古代の韻律学者を微に入り細を穿《うが》ち、しかも悪い眼で、匐《は》いずり回るようにして読み漁《あさ》る。――私はそんな羽目に陥っていたのだ！　――すっかり瘠《や》せこけ、飢えに窶《やつ》れた自分の姿を私は憫《あわれ》みをもって眺《なが》めていた。私の知識の中には現実的なものがまるで欠けていた。そして「理想的なもの」ときてはからきし役に立たないのだ！　――まさに焼けつくような渇《かつ》が私を摑《つか》んだのである。その日を境に、私は事実上、生理学と医学と自然科学とのほかはもう何もやらなかった。――本来の歴史的研究にさえ、自分の使命の命ずる声に強要される日が来るまでは、立ち戻《もど》らなかった。いわゆる「職業《ベルーフ》」は本能に反して選ばれた活動にほかならないが、そのじつちっとも天からの召命《ベルーフ》などを受けていないその「職業」というものと――例えばヴァーグナーの芸術のような麻酔剤的芸術によって自分の寂寥感《せきりょうかん》や飢餓感を麻痺させてしまおうとする欲求と、この二つの間には関連があるということを、私はその頃《ころ》にはじめて察知した。そして注意して周囲を見廻《みまわ》すと、夥《おびただ》しい多数の青年たちが私と同じような非常事態にあることが分った。つまり、一つの反自然は形式的に第二の反自然を強要するのである。ドイツでは、はっきり言えば「帝国」ではということだが、余りに多くの人々が然《しか》るべき時期も来ないうちに自分の進路を決定し、その揚句、いまさら投げ出せなくなった重荷を抱えて病み衰えて行く、という運命を背負わされている。……こういう連中が阿片を求めるようにしてヴァーグナーを求めるのである。――ヴァーグナーを聴いて彼らは自分を忘れる、一瞬自分から解放される。……とんでもない、一瞬どころか五時間も六時間も！――

四

あの頃私の本能は、断乎《だんこ》としてもうこれ以上譲歩を重ねたりはすまい、他人の意向に合わせたりはすまい、自分で自分を取り違えるようなことはもう止《や》めようと決心した。どんな種類の生活だって、たとえこのうえなく不利な条件、病気、貧困であっても――例の不甲斐《ふがい》ない「自己喪失」に比べれば、まだしもましだと私には思われた。「自己喪失」に私が陥ったのは、最初は無知と若さのせいであった。その後は惰性といわゆる「義務感」のために、ずるずるとこの状態にかまけていた。――このとき、何とまあ見事としか言いようのない仕方で、まさにお誂《あつら》え向きに、私を救助しに来てくれたのは、私の父の側からの例の悪性遺伝――つまり夭折《ようせつ》という親譲りの宿命であった。病気が私を徐々に助け出してくれたのである。病気のお蔭《かげ》で私は他人との決裂とか、なにか暴力的で不愉快な手段とかをいっさい取らないで済んだのだった。その頃他人からの好意も失わなかったばかりか、今まで以上に好意を得たくらいだった。それに病気は、私のこれまでの習慣のすべてを、完全にひっくり返しても構わないという権利を私に与えてくれた。病気は私に忘れることを許した、というより命じた。病気は嫌でも応でも静かに横になっていること、何もしないでぼんやりしていること、待つこと、そして忍耐強くしていることという贈り物を私に与えてくれた。……が、これはすなわち考えるという贈り物を与えてくれたに等しいのだ！……自分の眼のことだけに限っても、あらゆる本食い虫、つまり文献学に、お蔭で終止符が打たれた。私は「書物」から救出されたのである。それ以来幾年間か私はもはや書物を読まなかった。――これは今までに私が自分に与えた最大の恩恵である！――そんな風にしているとやがて一番底に潜んでいた自我、今まではいわば土砂に埋もれ、他人の自我に絶え間なく耳を傾けなければならない（――つまり読書しなければならない！）との強制力の下にいわば声を失っていた自我が、おもむろに、おずおずと、疑わしげな様子で眼を覚ましたのである――しかも、ついに、それが再び語り出すに至った。私は生涯《しょうがい》のうちで最も病気が重く最も苦痛の大きかったあの頃ほどに、自分というものに幸福を覚えたときはない。言いかえれば、『曙光《しょこう》』もしくは『漂泊者とその影』などを見てさえ貰《もら》えるなら、この「私自身への復帰」が何であったかを理解して頂けるであろう。つまり、「私自身への復帰」とは最高の種類の快癒そのものであったのだ！……身体の方の快癒《かいゆ》はその結果であったにすぎない。――

五

『人間的な、あまりに人間的な』は一つの厳しい自己陶冶《とうや》の記念碑で、これを以《もっ》て私は、それまで引《ひ》き摺《ず》って来た「高級ぺてん」「理想主義《イデアリスムス》」「美《うる》わしき感情」その他の女性的なもののすべてに、わが手許《てもと》で一息に止《とど》めを刺したのだが、主たる部分はソレントで執筆されたのである。それが完結して、決定稿の形を得たのは、バーゼルで過した冬の間であった。そのとき私は、ソレントにいた時とは比べものにならぬほどに不利な状況下に置かれていた。当時バーゼル大学に学んでいて、私にひどく傾倒していたペーター・ガスト氏が、じつを言うとこの本の成立には責任がある。私は頭痛で頭に鉢巻《はちまき》きをして、痛みを怺《こら》えながら口述し、ガスト氏がそれを筆記した。誤文の訂正も彼がした。――じつを言うと彼がこの本の本当の著作者 Schriftsteller であって、それに対し私は原作者 Autor にすぎなかった。本がついに出来上って私の手許に届いたときには——重病人であった私にはいたく不思議な思いさえしたものだが——私は方々《ほうぼう》へこれを送るとともにバイロイトへも二部送った。ところが偶然の中にも何らかの意味が潜むという奇跡によってか、時を同じくして私の処に『パルジファル』のテキストの美しい一冊が届いた。それには「親愛なる友フリードリヒ・ニーチェに。教会教区会議員リヒャルト・ヴァーグナー」という彼自身の献辞が書かれてあった。——二冊の本のこの交叉《こうさ》——私にはそのときあたかも何か不吉な音が耳に聞えたかのような気がした。それはまるで剣と剣とが交叉したような響きではなかったろうか？……どのみちわれわれ二人はそう感じた筈《はず》なのだ。なぜならわれわれは二人とも沈黙を守ったからである。——と、その頃、『バイロイト新聞』の第一号が発刊された。私は今こそいったい何をなすのに一番よい時が来たのかということを理解した。——何とも信じ難《がた》いことが起こっているのである。ヴァーグナーがいつの間にか信心屋になっていたのだ……

六

私がその当時（一八七六年）自分に関してどう考えていたか、またどんな並外れた自信を以て私の使命とその使命に宿る世界史的意義とを把握《はあく》していたかは、『人間的な、あまりに人間的な』全篇が示しているが、とりわけ非常にはっきりした一個所がこれをよく証拠立てている。ただし、私が私の身に具《そな》わっている本能的な狡智《こうち》さを働かせて、ここでもまた「私」という語を回避し、しかも今度はショーペンハウアーやヴァーグナーの名を用いるのではなく、私の友人のひとり、傑出したあのパウル・レー博士を世界史的栄誉の光で隈《くま》なく包んだのである。――幸いなことに彼は大変に察しの良い男だったからよかったが……他の連中は彼に比べればずっと鈍いのだ。私の読者の中にはとうてい見込みのない人間を見分けるのにいつも次のことを目安にした。すなわち、先ほど私は非常にはっきりした一個所と言ったが、あの個所を基本にして、同書全体をかなり高級なレー・アリスムス（訳注　Réalismus とは Paul Rée の思想の意で、実在主義 Realismus に掛けた言葉遊び）であると理解しなければならないなどと思い込む人間がいたとしたら、まず見込みがない人間というべきだろう（訳注　当時ニーチェは『人間的な……』をパウル・レーの思想と取り違えるドイツ人に腹を立てていた）。……実際のことを言うと、同書はわが友人の五つか六つの主要命題に対する反論を含んでいたのだ。この点については『道徳の系譜』の序文を参照して頂きたい。――ところで例の、「非常にはっきりした一個所」と言っておいたあの個所（訳注　『人間的な……』第一部第三七節）は、次のような内容である。最も大胆にしてまた最も冷静でもある思想家にして『道徳感情の起源について』（訳注　パウル・レーの著書。一八七七）の著者（ここを最初のインモラリストであるニーチェと読み変えて貰いたい）が、人間の行動を縦横無尽に分析した結果到達するに至った主要命題とはいったいいかなるものであったか。これはすなわち「道徳的人間の方が自然的人間よりもいっそう叡智《えいち》的《てき》世界（訳注　カント哲学用語）に近い、などということはない。――なぜなら叡智的世界などは存在しないからである。……」であった。この主要命題が歴史的な認識の（ここをあらゆる価値の価値転換の、と読み変えて貰いたい）ハンマーに打ち鍛えられて剛度を具え、切れ味よい命題になるならば、おそらくはいつか、そう遠くない将来――一八九〇年！――に、この命題は人類の「形而上学的要求」の根元に打ち込まれる斧《おの》として役立つときが来るかもしれない。――そのことが人類にとって慶すべきことか呪《のろ》うべきことか、これは一体誰が知るであろう？　が、いずれにせよ、斧として役立つのは最も重大な結果を引き起こす命題であり、この命題は稔《みの》り豊か fruchtbar にして同時に恐怖を与える furchtbar 命題であって、すべての偉大な認識が具えているあの二重の眼差しでもって世界を覗《のぞ》き込んでいる。……

曙《しょ》光《こう》
偏見としての道徳に関する諸考察

一

この本をもって私の道徳撲滅キャンペーンが開始される。とはいえ、この本が火薬の匂《にお》いを帯びている、などというのではまったくない。――多少とも鼻の孔《あな》が敏感である人なら、火薬などとはまるきり別の、はるかに快い匂いをこの本に嗅《か》ぎ取るであろう。ここでは大砲も用いられていないし、小銃も用いられていない。この本の効果はたしかに否定の働きをしているが、といってとられた手段までがそうだというのではない。ここでの手段は別で、手段から効果が生じて来る有様は、さながら大砲の発射《シュッス》のようにではなく、推論の帰結《シュルッス》のようになのである（訳注　Schuß と Schluß を並べた言葉の洒落）。誰《だれ》でも読み終えてこの本を手放すときになると、それまで道徳の名において敬われ、崇拝されてさえ来たいっさいの物事に対して、一種の用心深い警戒心を抱くようになるであろう。そのことは、この本の中に否定の働きをする言葉がみられず、攻撃や悪意のかけらもないことと矛盾してはいない。——この本はむしろ岩間に日なたぼっこをしている一匹の海獣にも似て、身を丸め、幸わせそうに、陽《ひ》の光を浴びて寝っころがっているのである。結局の処《ところ》、私自身がそうだったのだ。私がこの一匹の海獣だったのだ。この本のほとんどすべての文章は、私がジェノヴァ附近の、凹凸のはげしい岩場を歩きながら、考え出したり、ひょいと攫まえたりしたものだった。そのとき私のほかには誰もいなくて、私は独りで海と秘めごとを交していた。今でもこの本に偶然に手を触れると、ほとんどどの文章もが、指先で挟《はさ》み持つ突起した摘《つま》みの役目を果して、それを摘んでは私は深い奥底から何か譬《たと》えようもないものを再び引き上げて来ることになるのである。引き上げられたものの肌《はだ》は、全面にわたって追憶のかすかな戦《おのの》きに震えている。この本が他に勝っている技術といえば、軽やかで音もたてずに掠《かす》め過ぎて行く物たち、私が神に似た蜥蜴《とかげ》と呼んでいるあの刹那《せつな》、刹那を、ほんの一寸《ちょっと》だけ動かぬようにすることにかけての、並大抵ではない技である。——尤《もっと》も、哀れな蜥蜴を槍《やり》であっさりと刺し殺した例のギリシアの若い神（訳注　アポロンのこと。プラクシテレスに「蜥蜴を刺殺するアポロン」という彫刻がある）のようなあんな残酷な遣《や》り方でするのではない。といっても、やはり、何か鋭く尖《とが》ったものを使うことは使うのである、ペンという尖ったものを。……「イマダ輝キ出デザル数多《アマタ》ノ曙光アリ」——このようなインドの銘文が本の扉《とびら》にはしるされてある。さて、この本の原作者は、どこにあの新しい朝を探し求めているのであろう？ これまで未発見であったあのほのかな朝の紅《くれない》を一体どこに？ それをもって再び一日が——ああ、新しい日々の全系列と全世界とが！ ——開始されるであろうあの新しい朝を、どこに探し求めているのであろう？ 彼はそれをあらゆる価値の価値転換の中に探し求めているのである。いっさいの道徳的諸価値からの脱却の中に、今まで禁じられ、侮《あなど》られ、呪《のろ》われて来たいっさいのものに然《ヤー》りと言い信頼を寄せることの中に、探し求めているのだ。然《ヤー》りと肯定するこの書は、その光、その愛、その優しさを、もっぱら善くない物事の上に放散し掛けている。同書は善くない物事のために、あらためて「魂」を、良心を、生存への高い権利と特典とを取り戻《もど》してやろうとしている。同書において道徳は攻撃を受けているのではない。ただ、もはや眼中に置かれていないというだけの話だ。……同書は「あるいは？」という一語をもって最後を結んでいる。——また、「あるいは？」という一語で最後が結ばれている唯一《ゆいいつ》の書である。

二

私の使命は人類の最高の自覚の瞬間を準備すること、すなわち人類が過ぎ来し方を振り返り、行くべき先を見通して、偶然と僧侶《そうりょ》たちの支配から脱し、「何故？」「何のために？」という問いをはじめて全体として発する大いなる正午を準備することにほかならないが――この使命は、必然的に次の洞察《どうさつ》から生じるのである。人類は自ら正しい道を歩んでいるのでは決してない、人類は神的に統治されているのでもない、それどころか、その最高の価値概念の名の下に、むしろ否定本能、腐敗、デカダンス本能が誘惑的に力を揮《ふる》って来たのだ、という洞察である。それゆえ、道徳的諸価値の由来を尋ねる問いは、私にとっては第一級の問いになるのである。人類の未来を決する問いだからである。万物は究極的には最善の御手《みて》に握られていて、聖書という一巻の書物が人類の運命における神の導きと叡智《えいち》について最終的な安心を与えてくれることを信ずべし、という要求は、これを現実の事態に置き換えてみると、その正反対の憐《あわ》れむべき真実、すなわち人類はこれまで最悪の手の中に押さえられていて、出来損い、腹黒く復讐欲《ふくしゅうよく》に飢えた者、いわゆる「聖者」たち、これら世界誹謗者《ひぼうしゃ》と人間侮辱者たちに支配されて来たのだという真実を、何とか明るみに出すまいとする意志にほかならない。僧侶という存在（――隠れ僧侶、つまり哲学者も含めて）が一定の宗団内部においてだけでなくて一般的な場においても支配権を握ってしまい、デカダンス道徳、終末への意志が道徳そのものと看做《みな》されるようになった、そのような証《あか》しとなった決定的目じるしは、近頃《ちかごろ》どこでも非利己的存在に絶対的価値が、利己的存在に敵意が与えられるようになって来ている事実である。この点に関して私と見解を共にしない人を、私は病気に感染した人間と看做すこととしよう。……尤も、私と見解を共にしないのは全世界なのだが。……生理学者にしてみれば、以上に見て来たような価値の対立のどちらが正しいかは、疑問の余地がまったくないほどに明らかであろう。有機体の内部では、つまらぬ小器官がほんの僅《わず》かな程度だけだれて、その自己保存、力の補給、「利己主義」を完全な確実さをもって遂行するのを怠ったとしたら、全体が退化するのである。生理学者がそこで要求するのは、退化して行く部分の切断である。彼は退化して行く部分とのどんな連帯関係をも拒絶する。そんな部分に同情する気にはとうていなれない。ところが僧侶が欲しているのは、ほかでもない、全体のこの退化であり、人類の退化である。僧侶はそれゆえ退化して行くものの保存を図り——その報酬として人類を支配するのである。……あの嘘《うそ》の諸概念、道徳の補助概念である「霊魂」、「精神」、「自由意志」、「神」などは、人類を生理学的に台無しにしてしまうという意味以外の、どんな意味を持っているといえるであろう。……自己保存、身体《しんたい》の力の増進、すなわち生の力の増進に真剣な気持を向けないで、萎黄病《いおうびょう》（訳注 発育期の少女の貧血症、または植物の黄白化・退緑）から一つの理想を、身体の軽蔑《けいべつ》から「魂の救い」を組み立てようとするなら、それはデカダンスへの処方でなくて何であろう？——重力の喪失、自然な本能への抵抗、一語でいえば「自己喪失」——これが今まで道徳と呼ばれて来た当のものにほかならない。……『曙光』を以《もっ》てして、私ははじめてこの自我滅却Entselbstung（訳注　本書「なぜ私は一個の運命であるのか」七参照）の道徳に戦いを挑《いど》んだのである。——

悦《よろこ》ばしき学問
（„la gaya scienza“）(52)

『曙光《しょこう》』は肯定の書である。深い、だが明るく、温良である。同じことがもう一度、しかも最高の程度に『悦ばしき学問』にも当て嵌《は》まるであろう。同書のほとんどの文章を取り上げても、そこには深遠な奥妙《おうみょう》さと気紛れな悪戯《いたずら》ごころとがねんごろに手を取り合っている。私の体験した中で最も素晴しかった一月という月に対する感謝を表している一つの詩――この書全体が一月の贈り物である――が、「学び」がここに来てどのような深い根拠から愉しいものになったかを、遺憾なく示している。

御身《おんみ》が炎の槍《やり》を揮《ふる》って
私の魂の氷を突き砕くと、
私の魂は轟々《ごうごう》とどよめきながら
自らの最高の希望の海へと急ぐ。

いよいよ明るく、いよいよ健《すこ》やかに、
愛に満ちた必然の中で自由に――
だから私の魂は御身の奇跡を褒《ほ》め讃《たた》えるのだ、
いと美わしき一月よ！（訳注『悦ばしき学問』第四書の題辞）

ここで「最高の希望」という言葉で呼ばれているものが何であるかについては、この本の第四書のしめくくり（訳注　最終節三四二番）として、『ツァラトゥストラ』冒頭の言葉のダイヤモンドのような美しさが輝き出しているのを見た人なら、どなたにも疑いの余地がないであろう。――あるいは、第三書の終りにある花崗岩《かこうがん》のような文章（訳注　第二六八―二七五番）、一つの運命を未来永劫にわたってはじめて幾つかの定式のうちに捉《とら》えて表現しているあれらの文章を読んだ人なら。――「プリンツ・フォーゲルフライの歌」（訳注『悦ばしき学問』付篇）は大部分シチリアで作られたが、この歌は„gaya scienza"というプロヴァンス的概念、歌人と騎士と自由精神の統一性をはっきりと思い出させてくれる歌である。こうした統一性があるお蔭《かげ》で、プロヴァンス人による素晴しい初期文化が、すべての他《ほか》の曖昧《あいまい》な文化からひときわ目立って見えるのである。ことに一番最後の詩、「北西風《ミストラル》に寄せて」[53]は、こう言っては何だが、道徳というものの頭上を踊りながら越えて行く自由奔放な舞踏歌であって、完全なプロヴァンス調というべきものである。——

ツァラトゥストラかく語りき
万人向きの書、かつ何びとにも向かざる書

一

さていよいよツァラトゥストラの歴史を物語ることにする。この作品の根本構想、すなわち永劫回帰の思想、およそ到達し得る限り最高の肯定の方式——これは一八八一年八月に由来する。この思想は一枚の紙片の上に走り書きされて、「人と時の彼方《かなた》六千フィートで」と附記されている。あの日私はジルヴァプラーナ湖畔で森の中を散策していた。ズルライ近くの、ピラミッド型に聳《そび》え立った巨《おお》きな岩塊の傍《そば》に私は立ち止まった。そのとき私の身に永劫《えいごう》回帰の思想が到来したのだった。——その日から遡《さかのぼ》って二、三カ月前を思い出してみると、前兆として、私の趣味が唐突に、しかも最も深い処《ところ》において決定的に変化した、とりわけ音楽においてそうであった、ということがあったのに気がつく。おそらく『ツァラトゥストラ』全篇《ぜんぺん》は音楽の中に数え入れられてよいのかもしれない。——とまれ聞く技術において私が生まれ変わったこと

が、この作品を書く一つの前提条件であったことは間違いない。ヴィチェンツァからほど遠くない所に、レコアーロという名の山間《やまあい》の小さな温泉があるが、そこで私は一八八一年の春を過していた。当時私と同じようにやはり聞く技術において「生まれ変わった」人間で、私の楽匠《マエストロ》にして友人でもあるペーター・ガスト氏と一緒に、私は音楽という不死鳥が、ついぞ見せたこともないように軽《かろ》やかに光り輝きつつ羽摶《はばた》いて、われわれの傍を飛び過ぎて行くのを発見した。次いで今度はこれとは逆に、あの日（訳注　湖畔で永劫回帰思想が自分の身に到来した日）から後の日々を思い出してみると、一八八三年二月における、まったくありそうもない状況下で突然始まった分娩《ぶんべん》の日までを計算に入れるなら、『ツァラトゥストラ』の懐胎期間は十八カ月ということになる。ありそうもない状況下と言ったのは、本書の序言にも数句引用した例の終りの部分（訳注　『ツァラトゥストラ』第一部の終りの部分）が、ヴェネツィアでリヒャルト・ヴァーグナーが亡《な》くなった聖なる時刻とかっきり同じ時刻に出来あがったからである。懐胎期間が丁度十八カ月というこの数字は、私がほんとうは牝《めす》の象ではないかという考え（訳注　象の妊娠期間は十八―二十二カ月で、普通は十九カ月）を、少くとも仏教徒の間に抱かせる切っ掛けとなるかもしれない。――そして十八カ月の丁度中間に書かれたのが『悦ばしき学問《ガヤ・シエンツァ》』であり、この本は何か無比なものが近づきつつある百の予兆を具《そな》えている。そればかりか、この本の第四書は『ツァラトゥストラ』の書き出しそのものを載せているし（訳注　最終節第三四二番）、その一つ手前の節には『ツァラトゥストラ』の根本思想が述べられている（訳注　第三四一番には永劫回帰思想が述べられている）。――同様に、この十八カ月の中間に属するのは『生への讃歌』（混声合唱とオーケストラのための）で（訳注　『生への讃歌』の作曲がなされたのは一八八二年八月）、総譜がライプツィヒのE・W・フリッチュ書店から出版されたのは今から二年前である（訳注　ニーチェの記憶違い。一八八七年で、『この人を見よ』執筆の、正しくは前年）。『生への讃歌《さんか》』という作品は、悲劇的情熱《パトス》と私が呼ぶあの然りと肯定する選《え》り抜きの情熱《パトス》が、最高の程度に私の内部に宿っていたこの年（訳注　一八八二年のこと）の私の状態を示す、おそらくは無視し難《がた》い兆候であるといえよう。やがていつの日にかは私を偲《しの》んでこの歌がうたわれることもあるであろう。――歌詞についてはある種の誤解が広まっているから、きっぱり言っておくが、あれは私が書いたものではない。歌詞は私が当時交際していた一人の若いロシア婦人、ルー・フォン・ザロメ嬢の驚くべきインスピレーションの産物である。そもそも詩の最後の数語から意味を汲《く》み取れるような人なら、私がなぜあの詩をとくに好み、讃嘆したかが察せられるであろう。詩が大きさを具えていたからにほかならない。この詩では、苦痛を抱いていることが生に対する難点であるとは看做《みな》されていないのだ。「よしんばお前（訳注　生を指す）が私に与えるべき幸福をもはや残していないとしてもだ。それならばよしよし！　お前はまだお前の苦痛を残し持っている……」おそらくこの個所における私の作曲にも大きさがあるであろう。（オーボエの最後の音符は嬰《えい》ハ音であって、ハ音ではない。誤植。）――これに引きつづく冬（訳注　作曲した年に引きつづく冬、一八八二―三年冬）、私はジェノヴァ近郊の、キアーヴァリとポルト・フィーノ岬《みさき》との間に切り込んでいるあの静かで優雅なラパロの入江で暮した。私の健康状態は上々とはいえなかった。その冬は寒く、例年になく雨が多かった。小さな旅宿は海のすぐそばにあったので、荒い波音が夜どおし安眠を妨げた。ほとんどあらゆる点で望ましい状態の正反対であった。それにも拘《かか》わらず、そしてすべて決定的なことは「それにも拘わらず」成立するものだという私の命題を証明するかのように、私の『ツァラトゥストラ』が成立したのはこの冬、この不利な状況の下であった。――午前中、私は松林の横を通り、はるかに広がる海を見渡しながら、南の方角へ、ゾォアグリへ向かう素晴しい街道を登って行った。午後は、健康さえ許せば、サンタ・マルゲリータから岬の裏側のポルト・フィーノまで、入江全体を一周した。この場所とこの風光は、(54)皇帝フリードリヒ三世が大いに愛着したのだと聞いて、私の心にもぐっと親しいものになった。私は一八八六年秋にも再び同じ海岸に来てみたが、丁度皇帝が忘れられたこの小さな幸福の世界を最後に訪れたときと偶然に一致していた。――午前と午後のこの二つの散歩道で、『ツァラトゥストラ』第一部の全体像が私の心に浮かんだのである。とりわけツァラトゥストラその人が、典型として私の心に浮かんだ。否《いな》、正しくは、ツァラトゥストラその人が私を襲ったのだ……

二

ツァラトゥストラという典型を理解していくためには、まずその生理学的前提を解明しておかなくてはなるまい。前提というのは私が大いなる健康と呼ぶ処のものである。大いなる健康の概念を最も上手に、また最も私個人の言葉ですでに解明し終え得ているのは、『悦ばしき学問《ガヤ・シエンツァ》』第五書の最後の数節の中の一節で、曰《いわ》く、次の通りに述べられている。「われわれ新しい者、名前がまだ付けられていない者、理解してもらいにくい者、まだ証明もされていない未来のために早くも生まれたわれわれ早生児たち、われわれは何らかの新しい目的のためにこそ一つの新しい手段を、すなわち新しい健康を必要とするであろう。この新しい健康は、これまでのあらゆる健康よりもさらに一段と強力で、したたかで、粘り強く、大胆にして、かつ快活である。これまでのあらゆる価値や願い事の全域を体験し尽くしたい、この理想上の《地中海》の沿岸のすべてを周航し尽くしたいと渇望《かつぼう》している魂の持主、また理想の征服者や発見者の気持がどんなものであるかを、同じく芸術家、聖者、立法者、賢者、学者、信心者、古いタイプの神がかり的隠者らの気持がどんなものであるかを、しんじつ自分自身の経験としての冒険を通じて知ろうとしている者、このような者はその目的のために何を措《お》いてもまず次のたった一つのことを必要とする。すなわち大いなる健康を必要とする。――大いなる健康とは、人がただ保持してさえいればよいというたぐいの健康であるだけではなく、人が何度も繰り返し捨ててしまうがゆえにまたたえず繰り返し獲得するような健康、捨てざるを得ないがゆえにまたあらためて獲得せざるを得ないような、そういう健康なのである。……われわれ理想を尋ねるアルゴ船の乗組員（訳注　ギリシア神話で、人類が最初に造った巨船アルゴで金の羊毛を求めて冒険の旅をした勇士たち）たちは、長い航海の途次、賢明というよりはおそらくは勇敢な存在として、幾度となく難船し、災害を蒙《こうむ》りながらも、しかも前述の通り、人の許し難いほどに健康で、危険なほどに健康で、何べんも新たに健康で――その揚句、われわれはそうしたことの報酬として、誰《だれ》もまだ広さの限界を見きわめたことのない未発見の国土を、どうやら行手に持つことが確からしいとの気配がして来るのである。未発見のこの国土は、これまでの大小の理想郷のすべての彼岸にあり、美しいもの、珍しいもの、疑わしいもの、恐しいもの、神々《こうごう》しいものを山と抱えているがゆえに、それを見たいというわれわれの好奇心、それを得たいというわれわれの所有欲が、ともに呆然《ぼうぜん》自失してしまうほどの一つの世界なのである。――ああ、このような世界に気づいた今となっては、もはやわれわれは他のいかなるものによっても満たされることがないであろう！……以上のような展望をすでに手にした後で、以上のような知識と良心における熱烈な渇望に駆られてなお、それでもまだわれわれは現代人などにどうして満足することが出来るであろう？　じつに困ったことだが、われわれが現代人の最も尊厳な目標や希望を眺《なが》めるにしても、やっと真面目《まじめ》そうな顔を取り繕って眺めるにすぎず、ひょっとすると眺めることさえもうほとんどしないということ、これは避け難いであろう。現代人の理想などとはまるきり別の、もう一つの理想がわれわれの歩む前を歩んでいる。それはじつに不可思議で、誘惑的で、そして危険に満ちた一つの理想であって、われわれは何びとに対してもこの理想を奉ぜよと奨《すす》める気にはならない。なぜならわれわれはそうた易《やす》くは、誰にでもそれだけの権利があると認めてやるわけには行かないからである。つまり、この理想は今まで聖、善、不可侵、神的などと呼ばれてきたすべてのものを相手にして、ナイーヴに、つまり無心に、漲《みなぎ》るばかりの充実と力強さとを以《もっ》て遊び戯《たわむ》れるような、そんな一個の精神の示す理想だからである。かような理想を抱く精神からみると、民衆が当然のことのように自分の価値の規準として掲げている最高のものが、じつはすでに危険、退落、低下、といった程度のものになろうし、少くとも休養、盲目、一時的自己忘却ぐらいの意味しか持たないことになるであろう。つまりここで述べている理想は、人間的＝超人間的な壮健と善意の理想なのではあるが、往々にして十分に非人間的な姿を見せる場合もあるのである。例えば、従来の地上的厳粛さのすべての傍に、挙動、言語、声の響き、眼付《めつ》き、道徳、使命における従来のあらゆる荘重さの傍に、この理想が置かれて、それらのそっくりそのままの意図せざるパロディーとなる場合に、非人間的に見えるであろう。――もっとも、それはそうであるにしても、この理想があるおかげで、大いなる厳粛がやっと始まるのであり、この理想をもってしてはじめて、本格的な疑問符が打たれるのである。かくて魂の運命は向きを変え、時計の針はぐいと動き、悲劇が開始されるに至るであろう。……」（訳注　『悦ばしき学問』第三八二番）

三

――誰か、十九世紀末の今日に、昔の力強い時代の詩人たちがインスピレーションと呼んだものが何であったかを、はっきり会得《えとく》している者がいるであろうか。誰もいないなら、私がそれを記述するとしよう。――わが身の内にほんの少しでも迷信の名残りを留《とど》めている人なら、そのとき、実際に自分が圧倒的な力の単なる化身、単なる口、単なる媒体にすぎないとの想念を退けることはほとんど出来ないであろう。口に言えないほどの確実さと精妙さをもって、人の心を奥底から揺さぶり覆《くつが》えすような何ものかが突然眼に見えるようになり、耳に聞こえるようになるという意味での啓示という概念は、単に事実をありのままに叙《の》べているにすぎない（訳注『バイロイトにおけるヴァーグナー』第七節参照）。人は聞くのであって、探し求めるのではない。受け取るのであって、誰が与えるのかを問いはしない。稲妻のように一つの思想が、必然の力を以て、躊躇《ためら》いを知らぬ形でひらめく。――私はついに一度も選択をしたことがなかった。これはある恍惚《こうこつ》の境地であって、すさまじいその緊張はときおり涙の激流となって解《と》け落ち、足の運びはわれ知らず疾駆となったり、漫歩になったりする。完全な忘我の状態でありながらも、爪先《つまさき》にまで伝わる無数の微妙な戦《おのの》きと悪寒《おかん》とを、このうえなく明確に意識してもいる。これはまた幸福の潜む深所でもあって、そこでは最大の苦痛も最高の陰惨さも幸福に逆らう反対物としては作用せず、むしろ幸福を引き立てるための条件として、挑発《ちょうはつ》として、いいかえればこのような光の氾濫《はんらん》の内部におけるなくてはならない一つの色どりとして作用するのである。これはまたリズムの釣《つ》り合いを見抜く本能でもあって、さまざまな形態の広大な場所を張りわたしている。――その長さ、広く張りわたされたリズムへの欲求が、ほとんどインスピレーションの力を測る尺度であり、インスピレーションの圧力と緊張とに対抗する一種の調節の役目をも果している。……いっさいが最高の度合いにおいて非自由意志的に起こる。しかも、自由の感情の、無制約な存在の、権力の、神的性格の嵐《あらし》の中にあるようにして起こる。……形象や比喩《ひゆ》が自分の思いの儘《まま》にならぬことは、最も注目に値する点だ。われわれはもう何が形象であり、何が比喩であるかが分らない。いっさいが最も手近な、最も適確な、そして最も単純な表現となって、立ち現われる。実際、ツァラトゥストラのある言葉を思い出して頂くなら、事物の方が自ら近寄って来て、比喩になるよう申し出ているかのごとき有様にみえる。(――「ここでは万物が君の言葉に慕い寄って来て、君に媚《こ》びをみせる。万物が君の背に跨《また》がって走りたがっているからだ。ここでは君はあらゆる比喩の背に跨って、あらゆる真理に辿《たど》り着ける。ここではいっさいの存在の言葉と、言葉の匣《はこ》とが、君に向かってぱっと開かれる。いっさいの存在がここでは言葉になろうとする。いっさいの生成がここでは君から語ることを学ぼうとする。――」(訳注『ツァラトゥストラ』第三部「帰郷」より))以上が私のインスピレーションの経験である。「私の経験もまたそうだ」と誰か私に向かって言い得る人を見つけるには、数千年の昔に遡《さかのぼ》らなければならないことを、私は疑わない。――

四

これにつづく数週間、私はジェノヴァで病床に伏していた。それからローマで憂鬱《ゆううつ》な春を過した（訳注　一八八三年五月四日―六月十六日）が、この町で私は生きていることをただ耐えた。――それは容易ではなかった。もともと『ツァラトゥストラ』の詩人にとってローマは地上で最も不穏当な土地で、しかも自分の意志で選んだわけでもないので、ことのほか気持が圧迫された。私は何とか逃れようとした。――私はアークイラへ行こうと思った。この町はローマの反対概念で、私もいつか建ててみたいと思うような、ローマに対する敵意から打ち建てられた町である。しかるべき無神論者で、教会の敵である一人の人物、私に最も似通った人、かの偉大なホーエンシュタウフェン家の皇帝フリードリヒ二世（訳注　十三世紀前半の神聖ローマ皇帝で、学芸を愛し、もっぱらイタリアで暮した）の思い出の町でもある。しかし、そうしたいっさいにも拘《かか》わらず、結局は運命だった。私はローマに再び戻《もど》るよりほかに仕方がなかった。反キリスト教的な土地を求める苦労に疲れ果てた揚句、私はとうとうローマのバルベリーニ広場で満足することにした。ひょっとして、悪臭をできるだけ避けたいと思って、私はデル・クイリナーレ宮殿そのものの中へ入って行って、哲学者向きの静かな一室はございませんか、などと尋ねるくらいのことはかつてしたのではないかなと気になる。――さて、そのバルベリーニ広場を真下に見る開廊《ロッジア》（訳注　片側に壁のない、アーケード式の歩廊）の上で、ローマ全市を見渡し、はるか下の方で噴泉の迸《ほとばし》る音を耳にしながら、今までに作られたうちで最も孤独な歌、「夜の歌」が作詩されたのである。あの時分には、言い知れぬ憂愁のメロディーがいつも私の耳を離れず、その復唱句《リフレーン》を私は「不死のために死せる……」という語句のうちに見出《みいだ》していた。夏になると、『ツァラトゥストラ』の思想の最初の稲妻が私にひらめいた聖地（訳注　ジルヴァプラーナ湖畔）に帰還して、『ツァラトゥストラ』第二部を見出した。十日間で十分だった。私はいつの場合にも、第一部のときも、さらに最後の第三部のとき（訳注　『この人を見よ』執筆時点で第四部は未公刊で、僅か四十部印刷し、七部を友人に献じたにとどまる）もそうだったが、十日以上の日数を必要とはしなかった。その年の冬、当時の私の生活の中へはじめて輝きを射《さ》しかけてきたニースの凪日和《なぎびより》の空の下で、『ツァラトゥストラ』第三部を見出し――そして完成した（訳注　一八八四年一月）。作品全体を通算してみて、一年にも満たない。ニースの風景の目立たぬ多くの地点や丘などが、忘れ難《がた》いさまざまな瞬間によって、私には祓《はら》い清められている。「古い石板と新しい石板」という題を持つあの決定的な一章は、駅からムーア人の素晴しい岩の砦《とりで》エーツァへ向かうひどく骨の折れる坂道を登る途《みち》すがらに作られたものである。――私の場合、創作力が最も豊かに湧《わ》き出るときには、筋肉の軽快さもまたつねに最高になった。身体が先に熱狂的感激に浸されてしまうのである。「魂」のことなどは論外としておこう。……いくどか私の踊っている姿を見たという人もいるかもしれない。あの頃《ころ》私はまるで疲労知らずで、七、八時間も山道を歩きつづけることが出来た。よく眠ったし、よく笑った。――私は完璧《かんぺき》ともいえる頑健《がんけん》さと忍耐力とを具えていた。

五

これら十日ずつで片づけた仕事を別にすれば、『ツァラトゥストラ』制作中の、とりわけ完成後の歳月は、今までに例を見ない非常事態であった。不死不滅であるためには、それだけ高価な代償を支払うことになる。すなわち、不死不滅であるためには、人は生きながら幾度も死ぬこととなる。――世には私が偉大なものの意趣返しの名で呼ぶ処《ところ》のものがある。偉大なものはすべて、作品であれ、行為であれ、いったん完成されると、時を置かずに、それをなし遂げた人間に向かって歯向かって来るのである。なし遂げた人間の方は、ほかでもない、彼が偉大なことをなし遂げたというまさにそのことによって、それ以後は弱い存在と化している。――彼は自分のなし遂げた行為にもはや堪え得ない。その行為の顔をもはや直視し得ない。そもそも自分が意欲することすら決して許されなかったような事柄《ことがら》、人類の運命の結び目がその中に結び込まれているような事柄、そういう事柄をすでに自分の背後に片づけてしまい――そしてそれから以後はずっとおのが身の上に担《にな》っているということ！ ……これは彼を押し潰《つぶ》しかねないのだ。……偉大なものの意趣返したる所以《ゆえん》である！ ――もう一つ困ったことは、自分のまわりを取り囲んでいる、身の毛もよだつような静寂である。孤独は七重の皮膚を持っている。何ものももはやそれを突き通さない。なるほど人間のそばへ近寄るということはある。友人たちに挨拶《あいさつ》するということもある。ただ、新たな寂寥《せきりょう》が生じるばかりだ。どんな眼差《まなざ》しももはや挨拶を返しては来ない。一番ましな場合でも、一種の反逆が返って来るだけである。このような反逆を、程度の差こそあれ、私は私の身近にいるほとんどすべての人から蒙《こうむ》った。突然距《へだ》たりを気づかされるということほどに、人の心を傷つけることはないように思える。――人に敬意を払わずしては、およそ生きることをなし得ない、といった気高い天性の持主はめったにいないのだ。――三番目(55)に困ったことというのは、小さな刺戟《しげき》に対して皮膚がばかばかしいほどに敏感になること、すべての小《ち》っぽけな事柄に対し一種のお手あげ状態になってしまうことである。これは、すべての創造的行為に伴う防禦《ぼうぎょ》能力の巨大な消耗が原因しているように私には思われる。すべての創造的行為、最も独自の、最も内部の、最も奥深い処から出ているすべての行為は、防禦能力の消耗を前提としている。小っぽけな防禦能力の方は、このためいわばお留守になってしまうのである。そっちの方へはもはや力が回りかねるのだ。——さらに、敢《あえ》て示唆《しさ》しておけば、そのとき消化は悪くなり、動くのが大儀になり、悪寒《おかん》に襲われ、人間に対する不信感にもひどく取り憑《つ》かれ易《やす》くなっている。——不信感といっても、単に原因の摑《つか》み損ねである場合が多いのだが。こういう状態でいるとき、私はある日のこと、もっと穏やかで人なつっこい思想が私に蘇《よみがえ》って来て、牝牛《めうし》の群れがそば近くにいるのを感じたことがある。私にはまだその姿は見えなかったが、これはぬくもりを身内に具《そな》えていたのである。……

六

『ツァラトゥストラ』という作品は一つだけ孤立している。われわれはほかの詩人たちのことは脇《わき》へよけておきたい。ひょっとしたらこれに似た溢《あふ》れる力から何ごとかがなし遂げられたことは、過去にそもそも一度もなかったかもしれない。「ディオニュソス的」という私の概念が、当作品において最高の行為となったのである。この行為に照らして測るならば、人間のなすその他いっさいの行動はことごとく貧しく、限られたものに見えるであろう。ゲーテのような人、シェイクスピアのような人でも、これほどの巨大な情熱と高揚の中に置かれたら一瞬たりとも呼吸することは出来ないであろう、とか、ダンテもツァラトゥストラと突き比べてみれば一個の信心屋にすぎず、真理を最初に創造する人、世界を統治する精神（訳注 ペーター・ガストのニーチェ宛一八八八・十・二六付書簡参照）、すなわち一つの運命であるとはいえない、とか、——ヴェーダの詩人も僧侶《そうりょ》にすぎず、ツァラトゥストラの靴《くつ》の紐《ひも》を解く（訳注『ヨハネ伝』一の二七参照）にすら値すまい、とか、こんなことはいくら言ってみたところで無意味なのであって、しかも何らこの作品が生きている距《へだ》たり、紺碧の孤独を分らせることにはならない。ツァラトゥストラは次のように語る永遠の権利を持つ。「私は私の周りに輪を描いて、聖なる境界を画そう。山が次第に高くなるにつれて、私と行を共にする者はますます少くなる。——私はますます神聖になり行く幾つもの山を集めて、一つの山脈をつくる。」（訳注『ツァラトゥストラ』第三部「古い石板と新しい石板」一九）あらゆる大きな魂の持つ精神と慈愛とをひとところに狩り集めてみるがいい。全部を合わせても、ツァラトゥストラの説教の一つを生み出すことさえ出来ないであろう。ツァラトゥストラが昇り降りする梯子《はしご》は巨大である。彼はどんな人間よりもより遠くを見たし、より遠くを意志したし、より遠くに届くことが出来た。彼、あらゆる精神の中で最も然《しか》りと肯定するこの精神は、一語を語るごとに矛盾している。彼の中ではあらゆる対立が一つの新しい統一へ向けて結び合わされている。人間の本性の最高の諸力と最低の諸力、最も甘美で、最も軽佻《けいちょう》で、しかも最も恐怖すべきものが、一つの泉から不滅の確実さをもって迸り出ている。その時に至るまで、高さとは何であり、低さとは何であるかを、人はついに知らない。ましてや真理とは何であるかはなおさらに知らない。真理がこのように啓示されるどの瞬間も、ついぞ誰かに先取りされたことはなかったし、誰かしら偉大な人によって推察されたこともない。ツァラトゥストラ以前には叡智《えいち》はなく、魂の探究はなく、説話の術《すべ》もない。この書にあっては最も卑近なもの、最も日常的なものが、未曾有《みぞう》の事柄を語っている。箴言《しんげん》は情熱に打ちふるえ、雄弁は音楽と化し、これまでおよそ予測もつかなかった未来へ目がけて稲妻が投げかけられる。これまでにあった最も強大な比喩の力も、言語がこのように具象性の本然へ立ち還《かえ》った姿に比べるならば、貧弱であり、児戯にも等しい。——それに、ツァラトゥストラが山を下りて、万人に慈愛のきわみを語り掛けるあの有様はどうであろう！　自分の敵でさえある僧侶たちに差し掛ける手は、いかに優しいか！　また彼はいかに僧侶たちと共に、僧侶たちのために苦悩することであろう！　——この書においては一瞬ごとに人間が超克されている。「超人」という概念がここでは最高の現実となった。——人間においてこれまで偉大と呼ばれて来たようないっさいが、今や「超人」のはるか下方に、無限に遠く横たわっている。冬の凪日和の静けさ（訳注 das Halkyonische は訳注(4)参照）、軽快な足どり、悪意と倨傲《きょごう》の遍在、その他ツァラトゥストラという典型にとって典型的であると考えられるすべての特性は、従来ただの一度も、偉大さの本質的属性として夢想されたことはない。ツァラトゥストラはまさしくこのような彼の活動空間の宏大《こうだい》さ、対立者をも拒まないこの懐《ふところ》の広さという点で、自分をいっさいの存在者中の最高の種と感じている。そして、この最高の種をツァラトゥストラ自身がどう定義しているかを耳にすれば、誰も自分の譬《たと》え話を捜し求めることを思い諦《あきら》めるだろう。


——最も長い梯子を持ち、最も深い所まで降りて行くことの出来る魂。

最も宏大な魂であって、しかもその宏大な自分の内部を最も遠くまで走り、さ迷い、当てもなく歩き回ることの出来る魂。

最も必然的な魂でありながら、嬉々《きき》として偶然の中へ跳び込んで行く魂。

存在するものの魂でありながら、生成へ至らんと欲し、また、所有するものの魂でありながら、さらなる意欲と願望に向かわんと欲する魂。——

——自分自身から逃げ出しておきながら、きわめて大きい円弧を描いて自分自身に追いつく魂。

最も賢明な魂でありながら、痴愚な言葉を最も甘美にかき口説く魂。

自分自身を最大に愛しながら、万物の奔流と逆流とを、干潮と満潮とを内蔵しているような魂。――――（訳注『ツァラトゥストラ』第三部「古い石板と新しい石板」一九）

しかしこれこそディオニュソスの概念そのものにほかならない。――別の考察法をとっても、結局、行き着くところはこのディオニュソスの概念である。ツァラトゥストラという典型における心理的問題という考察法から入って行くと、これまで人々から然《ヤー》りと言われて来たいっさいに呆《あき》れ果てるほど否《ナイン》を言い、否《ナイン》を実行する者が、それにも拘《かか》わらず、いかにして否《ナイン》を言う精神の反対者になり得るかということが、この心理的問題にほかならない。すなわち、最も重々しい運命、一個の宿業ともいうべき使命を担《にな》っている精神が、それにも拘わらず、いかにして最も軽快で、最も超俗的な精神であり得るか――そうだ、ツァラトゥストラは一人の舞踏者なのだ――、という問題であると言ってもよいのである。または、現実に対し最も苛《か》烈《れつ》な、最も恐るべき洞《どう》察《さつ》をしており、「最も深淵的《しんえんてき》な思想」（訳注『ツァラトゥストラ』第三部「快癒しつつある者」参照）を思惟《しい》した者が、それにも拘わらず、どうしてその点に生存に対する難点を認めないのか、どうして生存の永劫《えいごう》回帰に対してさえその点に難点を認めないのか、という問題であるともいえよう。それどころか、さらに言えば、自らが万物に対する永久の然《ヤー》りであり、「途轍《とてつ》もない無制限の承諾是認の発語」（訳注『ツァラトゥストラ』第三部「日の出前」より）であるということの根拠を、どうしてその点に認めているのか、という問題だといってもいい。……「どんな深淵の中へも、私は私の祝福の然り《ヤー》の発語を携えて行く。」（訳注 同「日の出前」より）……しかしながら、今一度言うが、これこそがディオニュソスの概念なのである。

七

——このような精神が自分ひとりを相手にして語るときには、どんな言葉を語るのであろう？　すなわち酒神讃歌《ディテュランブス》の言葉を語るのである。私は酒神讃歌《ディテュランブス》の創始者にほかならない。ツァラトゥストラが日の出を前にして（第三部）独りで自分に向かってどんな風に語っているか、ひとつ耳を傾けて聴いて頂きたい。そこで歌われているようなエメラルド色の幸福、神々《こうごう》しい情愛の深さを口にする語り手は、私以前にはいまだいなかった。あのようなディオニュソス的人物のきわめて深い憂愁でさえも、酒神讃歌《ディテュランブス》になるのである。その証拠として、「夜の歌」（訳注『ツァラトゥストラ』第二部）をここに掲げてみよう。光と力の充実、すなわちわが身の太陽的天性のおかげで、ひとを愛せなくなるという罰を与えられた不滅の嘆きの歌である。

夜だ。今、噴き上げる泉はみな声を高めて語っている。そして私の魂もまた、噴き上げる一つの泉だ。

夜だ。今ようやく、愛を知る者たちの歌が目を覚ます。そして私の魂もまた、一人の愛を知る者のうたう歌だ。

鎮《しず》められないもの、鎮めがたいものがわが心の内にあり、声を高めて語ろうとしている。愛への渇望《かつぼう》がわが心の内にあり、自ら愛の言葉を語っている。

私は光だ。ああ、私は夜でありたい！　だが、私が光に取り巻かれていること、これこそが私の孤独だ。

ああ、私は暗くありたい。夜でありたい。そうしたら私は、どんなにか光の乳房に取り縋《すが》って吸うことだろう！

そしてお前たち、彼方《かなた》の小さな星屑《ほしくず》よ、光の蛍《ほたる》よ！　――そうなったら私はお前たちをさえ祝福し、お前たちから光の贈り物を受け取って、幸福になろうとするだろうに。

しかし、私は私自身の放つ光の中に生きている。私は私の内部から迸《ほとばし》り出る光の炎を、私の内部へと飲みもどすばかりである。

私は受け取る者の幸福を知らない。もしも私が盗むことでも出来るなら、受け取るよりもさらに幸わせに違いあるまい、などといくたびも夢想したものだ。私がたえず贈り与えるばかりで、手を休める暇がないこと、これこそが私の貧困だ。私が私を待ち受ける目と私への憧《あこが》れに輝いた夜々ばかりを見ていること、これこそが私の妬《ねた》みの原因だ。

おお、贈り与える者の不幸わせ！　おお、私が太陽であることとの陰惨さ！　おお、がつがつと欲しがる状態を私はいかにがつがつと欲しているであろう！　おお、この飽食の中の激しい飢え！

彼らは私から受け取る。が、私の方はそれで彼らの魂に触れているのか？　受け取ることと与えることとの間には一つの溝《みぞ》が横たわっている。そして最も小さな溝こそが、最も橋を架けにくい。

飢えが生じるのは私の美しさの中からである。つまり私が光を照らしかけている相手に、私は痛みを加えてやりたいとか、私が贈り物を与えている相手から、私は掠奪《りゃくだつ》してやりたいとか。――という風に、私は悪意に飢えている。

相手が手を差し伸べてきたとき、私は手を引込める。それは滝の水が落ちかかってなおしばらくためらうさまに似ている。という風に、私は悪意に飢えている。こんな復讐《ふくしゅう》が編み出されたのは、私自身が充溢《じゅういつ》していればこそである。こんな企《たくら》みが湧き出して来たのは、私自身が孤独の只中《ただなか》にあるからである。

贈り与えることの中の私の幸福は、贈り与えることにおいて死滅した。私の徳はあまりに満ち溢れているがゆえに、自分自身に倦《あ》きてしまったのだ！

つねに贈り与える者、そのような者の危険は、羞恥《しゅうち》を失うことである。つねに分配しつづけている者、そのような者の手と心には、分配ばかりしているために胼胝《たこ》ができてくる。

私の目は、施し物を乞《こ》う者の羞恥を前にしても、もはや涙を溢れさせることがない。私の手は、受けた施し物で一杯になった両手の震えを感じるには、あまりに硬くなり過ぎた。

何処《どこ》へ行ったのだ、わが目の涙は？　わが心の柔毛《にこげ》は？　おお、贈り与えるすべての者の孤独よ！　おお、光を発するすべての者の沈黙よ！

荒涼とした空間に数多くの太陽が回転している。暗闇《くらやみ》にとざされた万有に向かって、それら太陽は自らの光で語りかけている。――が、私には口を緘《かん》して語らない。

おお、これは光を発するものに対する、光の示す敵意なのだ。光は冷厳にその軌道を歩む。

光を発するものに対しては心の奥底から不当に対処し、他のすべての太陽には冷ややかに当り——という風に、おのおのの太陽は、運行する。

太陽たちは嵐《あらし》のようにその軌道を歩む。自らの仮借ない意志に彼らは従う。それが彼らの冷徹さだ。

おお、お前たち暗いものよ、お前たち夜のごときものよ。光を発するものから自分の体熱を作り出すのは、お前たちがはじめてすることだ！　おお、お前たちこそはじめて光の乳房から乳と清涼剤とを飲み取るのだ！

ああ、氷が私を取り巻いている。私の手は氷の冷たさに触れて火傷《やけど》をする！

ああ、渇きが私のうちにあって、その渇きは、お前たちが渇くことを切に求めている。

夜だ。ああ、私が光のままでいなければならないとは！　夜のごときものへのこの渇き！　そして孤独！

夜だ。今、私の内部から泉のように私の願望が迸り出ている——語りたいという願望が。

夜だ。今、噴き上げる泉はみな声を高めて語っている。そして私の魂もまた、噴き上げる一つの泉だ。

夜だ。今ようやく、愛を知る者たちの歌が目を覚ます。そして私の魂もまた、一人の愛を知る者のうたう歌だ。——

八

こういうことはいまだかつて歌に詠《よ》まれたことがない。感じられたことがない。そして悩みとされたことがない。こういう悩みを悩むのは一人の神、一人のディオニュソスである。光に包まれている太陽の孤独化を歌ったこのような頌歌《ディテュランブス》にもし応答があるとすれば、それはアリアドネ[56]であろう！……私のほかにアリアドネが何者であるかを誰《だれ》が知ろう！……このような謎《なぞ》のすべては従来何びとにも解き得なかったのだ。ここに謎があることをかつて気づいた者がいたかどうかさえ、私には疑わしい。——ツァラトゥストラはある個所で、自分の使命——これがまた私の使命でもあるのだが——を次のように厳密に規定している。使命の意味を取り違えて貰《もら》いたくないためである。彼は過去に起こったことまでもことごとく是認し、救済するほどに、肯定的なのである。

私は人間たちの間をさまよい歩くが、彼らは未来の断片である。私が観じているあの未来の。

そして断片であり、謎であり、残酷な偶然である処《ところ》のものを一つに凝集《ディヒテン》し、纏《まと》め合わせること、これが私の詩作《ディヒテン》と努力のいっさいである。

もしも人間が詩人でもなく、謎解きでもなく、偶然の救済者でもないのだとしたら、私はどうして人間であることに堪えられるであろう。

過去に起こったことまでも救済し、すべての「あった」を作り変えて、「私がそう欲したのだ！」にしてしまう——これこそ私から見てはじめて救済と呼ばれるべきものであろう。（訳注『ツァラトゥストラ』第二部「救済」）

別の個所でツァラトゥストラは、自分にとってはどういうものだけが「人間」であり得るかを、できるかぎり厳密に規定している。——彼にとっての「人間」とは愛の対象などではないし、まして同情の対象ではない。——そもそも人間に対する大いなる嘔吐感をさえも、ツァラトゥストラはすでに克服してしまっている。だから人間とは彼にとって、一個の未形式であり、材料であり、彫刻家を必要としている一個の醜い石材なのである。

もはや意志しない、また、もはや評価しない、そして、もはや創造しない。おお、このような大きなけだるさは、いつまでも私とは無関係でありますように！ 認識というような働きの中にさえも、私が感じるのは、私の意志の生殖と生成の喜びばかりである。もしも私の認識の中に純粋無垢《むく》が宿っているとしたら、それは認識の中に生殖への意志が宿っていればこそ起こることなのである。

神と神々とから離れるようにと私を唆《そその》かしたのは、この意志であった。もし神々が存在するのだとしたら、いったい私によって創造さるべき何が残っているであろう。

ところが、私を人間へと向けてつねに新たに駆り立てて行くものがある。彫刻家のハンマーを石材へと向けて駆り立てるのもかくやとばかりに。私を駆り立てるのは、私の熱烈なる創造の意志である。

ああ、お前たち人間よ。私から見ると石材の中にはすでに一つの像が眠っているのが分る、像の中の像が！　ああ、それが最も堅く、最も醜い石材の中に眠っていなければならないのだとは！

今、私のハンマーは、像を閉じこめている牢獄を毀すべく、残忍なまでの力を揮う。石材からは破片が飛び散る。が、そんなことに私は構っていられようか！

私はこの作品を完成したいのだ。一つの影が私の方へと近づいて来たからである。——万物の中の最も静かな、最も軽やかなものが、私の方にかつて近づいて来たからである！

超人の美が影となって私の方へと近づいて来たのである。もう私に何の関《かか》わりがあろう——神々などが！……（訳注『ツァラトゥストラ』第二部「至福の島々」）

私は一つの究極的な観点を強調しておきたい。傍点を付した句はそれへの手掛りとなるであろう。ハンマーの無慈悲さ、破壊にさえ覚える喜びが、決定的なまでに、ディオニュソス的使命に対する前提条件をなしている。「酷薄であれ！」（訳注『ツァラトゥストラ』第三部「古い石板と新しい石板」二九）という命令、創造する者はおしなべてみな酷薄である、という最奥《さいおう》の確信、これこそがディオニュソス的天性を持つ者の本来のしるしであるといえる。——

善悪の彼岸
未来の哲学の序曲

一

つづく数年間（訳注『ツァラトゥストラ』執筆後につづく）に果すべき課題は、できるかぎり厳密に予定されていた。私の課題のうちの肯定的に表現する部分が片づいてしまった以上、今度は否《ナイン》を言い、否定的に行動するもう半分を果す順番がめぐって来た。すなわち、これまでの諸価値そのものの価値転換、大いなる戦い――決着をつける日を呼び出す作業である。その作業には、見回して私に相似た者を、強さに発して破壊のために私に手を貸すような人々をゆっくり探すことも含まれている。――この日を境に、私の著作はどれもみな釣《つ》り針となった。ひょっとしたら私は誰《だれ》にも負けないくらい釣りを心得ているのでは？……何も釣れなかった場合でも、私のせいではない。魚がいなかったまでなのだ。……

二

『善悪の彼岸』(一八八六年)はすべての本質的な点において近代性の批判である。近代科学、近代芸術はもとより、近代政治さえも除外例ではない。近代性の批判であることと並行して、同書はできる限り近代的ならざる一つの反対典型《タイプ》、高貴な、肯定的なタイプの人間を指し示している。この後者の意味において同書は一つの貴人の学校である。ここでいう貴人 gentilhomme の概念は、かつて例のないほどに精神的に、そして根源的に解された場合に当る。人は貴人というこの概念に堪えるだけの存在であるためにも、身によほどの勇気を具《そな》えていなくてはならない。こわがったことなど覚えがないということでなくてはならない。当代が誇りとしているような物事はことごとく、このタイプに真向から対立しているもの、このタイプからすればほとんど不作法なものと受け取られている。例えば、あの有名な「客観性」、「すべての悩める者への共感」、他人の趣味の前にへり下り瑣末《プチ・フェー》な事実の前に匍《は》いつくばる「歴史的感覚」、すなわち「科学性」などが、みなそう受け取られている。——この本が『ツァラトゥストラ』の後に引きつづいて書かれたことを考えに入れれば、同書成立をもたらしてくれた養生法がどんなものかはおそらく察しがつくであろう。途轍《とてつ》もなく巨《おお》きい必要にせまられて遠くを見るよう馴《な》らされた眼《め》が――ツァラトゥストラはロシア皇帝よりももっと遠目がきく――、この本においては最も身近なもの、時代、われわれの周辺を鋭く捉えるよう要請されているのである。だからこの本のあらゆる点においてことに形式において、ツァラトゥストラのような存在を可能にした諸本能からの一様な故意の離反が認められるであろう。形式、意図、沈黙の術における垢《あか》ぬけ方がこの本ではきわ立って来ている。心理学が苛《か》烈《れつ》残忍さを承知のうえで駆使されている。――同書にはお人好《ひとよ》しの言葉は一つもない。……ところが、以上挙げたようなことはすべて、じつは私にとっては休息なのだ。『ツァラトゥストラ』のようなあれほどの善意の浪費をした後では、どんな種類の休息を必要とするかは、結局、誰にも察して貰《もら》えまい。……神学的に語るなら――耳をすまして聴いて頂きたい。私が神学者として語るなどは滅多にないことなのだから――その日の自分の仕事を終えて蛇《へび》となって認識の木の下に身を横たえた、あれは神自身であったのだ。すなわち、このようにして神は神であることから休息したのである。……神は何もかもを余りに美事になし遂げてしまった。……悪魔というものは七日目ごとの神の息抜きであるにすぎまい。……

道徳の系譜

論争の一書

『道徳の系譜』を構成している三論文は、表現、意図、人の意表を衝《つ》く技において、おそらく過去に書かれた本の中で最も不気味なものであろう。ディオニュソスは、知っての通り、暗黒の神でもあるのだ。——同書のどの論文も書き出しは人を惑わしてやろうという魂胆を具えていて、冷ややかであり、科学的であり、反語的でさえある。わざと出しゃばった主張をするかと思うと、わざと何も主張せずに読者の気を揉《も》ませたりするのである。だんだんに不穏な気配が募ってくる。ときどき稲妻が走る。鈍い轟《とどろ》きとともに、遠くの方からきわめて不愉快な真理がいくつか近づいてきて、しだいに声を高める。——そしてついに、猛烈なるテンポ《テンポ・フェローチェ》に達し、いっさいが恐るべき緊張を孕《はら》んで突き進む。どの論文も結論部においては、耳をつん裂く爆発音をあげたかと思うと、一つの新しい真理が、密雲を貫いて姿を現わすのだ。——第一論文におけるこの新しい真理とは、キリスト教の心理学である。すなわちキリスト教は内攻的復讐感情《ルサンチマン》の精神《ガイスト》から生まれたのであって、おそらく世間一般で信じられているような、「精霊《ガイスト》」から生まれたのではないこと——キリスト教はその本性からみて、一種の反対運動なのであって、高貴な諸価値の支配に対する巨大な蜂起《ほうき》であること。第二論文が提示しているのは良心の心理学である。すなわち良心とは、おそらく世間一般で信じられているような、「人間の中の神の声」なのではない。——良心とは、もはや外部に向かって発散できなくなった末に、逆転して自分の内部に向かって来るような残虐性《ざんぎゃくせい》の本能にほかならない。最も古い、最も無視し難《がた》い文化の基底の一つとしての残虐性が、この書においてはじめて白日に曝《さら》されたのである。第三の論文は、禁欲の理想、僧侶《そうりょ》の理想は特別に有害な理想であって、終末への意志、デカダンスの理想であるにも拘《かか》わらず、いったい何処《どこ》からあんな巨怪な力が出て来るのかという問いに対し、解答を与えている。その解答とはすなわち、おそらく世間一般で信じられているように、僧侶たちの背後で神が活動しているからなのではない。他《ほか》にもっとましな理想がなかったから仕方がないだけの話なのだ。——他に競争相手がなかったので、禁欲の理想、僧侶の理想が、これまで唯《ただ》一つの理想とされてきた。「なぜならば、人間は何も意志しないでいるくらいなら、無を意志することを欲する方がまだしもましだからである。」（訳注『道徳の系譜』結びのことば）……何といっても対抗する理想が欠けていたのだ。——ツァラトゥストラが出現するまでは。——以上で理解して頂けたであろう。この本はあらゆる価値の価値転換のための、一心理学者の三つの決定的な準備作業であるといえる。――この本は史上最初の僧侶の心理学を含んでいる。

偶像の黄昏《たそがれ》
人はいかにして鉄槌《ハンマー》で哲学するか

一

『偶像の黄昏』は百五十ページにも満たない。調子は快活であり、しかも不吉さを宿していて、一個の笑う魔神《デーモン》である。日数をかぞえることも憚《はばか》るほどの短時日で出来あがったこの作品は、およそ書物の中の例外である。この書ほどに実質が豊富で、独立独行的で、通念をひっくり返す本——意地の悪い本は、世に他《ほか》にない。私以前にはいかにいっさいの物事が逆立ちしていたかについて、手取り早く知りたいと思う方がいたら、まずこの本から取り掛かって頂きたい。扉《とびら》に偶像とあるのは、何のことはない、これまで真理と名づけられて来たもののことである。偶像の黄昏とは——分りやすく言えば、古い真理はもうおしまいということなのだ。……

二

どんな現実も、どんな「理想」も、この本の中で触れられていないようなものは一つもない。（——触れられる。何という用心深い婉曲《えんきょく》語法であろう！……）触れられているのは、単に永遠の偶像だけに留《とど》まらない。最年少の偶像、したがって、年齢的に弱い偶像にも触れられている。例えばいろいろな「近代理念」がそれである。大風が樹々《きぎ》の間を吹き抜けている。至る処《ところ》で木の実が落ちる——真理が落ちる。そこには余りにも実り豊かな秋の浪費がある。人はあれこれの真理に蹴《け》つまずく。その中の幾つかを踏み潰《つぶ》しさえする。——真理が余りにも多すぎるのだ。……しかし、いったん手に入れたものは、もはやいかがわしいものではない。それは決定済みのものなのだ。あれこれの「真理」を量る尺度を手に入れたのは、私が最初である。私がはじめて決定を下すことが出来るのである。さながら私の内部に、第二の意識が生い立ったかのようにだ。さながら私の内部で、「意志」が明りを灯《とも》して、これまで走り降りて来た坂道を照らし出したかのごとくにだ。[57]……坂道——これまで真理への道と呼ばれて来た道である。……あらゆる「暗い衝動」はもうおしまいになった。善い人間こそ正しい道を知ることが最も少かったのだ（訳注　『ファウスト』「天上の序曲」三二八—三二九の、「善い人間は暗い衝動の中にあっても、正しい道をよく知っているものだ」）

をもじる)。しかも大真面目《おおまじめ》な話、私の出現する以前には、何びとも正しい道を、上り道を知らなかった。私が現われてはじめて希望が、使命が、規範となるべき文化の道が再び存在するようになったのだ(58)。——私はそれの福音の使者である……ほかでもない、このことによって、私はまた一個の運命(59)となったのである。——

三

今述べたこの作品を書き終えるとすぐさま、たったの一日も無駄《むだ》にしないで、私は価値転換の巨大な使命(訳注 『アンチクリスト』を指す)に取り掛かった。比べるものもない至高の誇りに満たされ、おのが不滅への確信を一瞬たりとも疑わずに、運命のような確実さを以《もっ》て、私は一字一字を青銅の板に彫り刻んだ。「序言」は一八八八年九月三日に出来あがった(訳注 この序言の一、二節は『偶像の黄昏』「ドイツ人に欠けているもの」に用いられ、三節のみが『アンチクリスト』序言の元原稿となった)。朝、それを書き終えて戸外へ出ると、オーバーエンガディーンがかつて私に見せたこともないほどの美しい一日が、眼前に繰り拡《ひろ》げられていた。——透き通って、とりどりの色も鮮やかに、氷と南国の間のあらゆる対立、あらゆる中間を内に含みつつ(訳注 ニーチェのメータ・フォン・ザーリス宛一八八八・九・七付書簡参照)。——九月二十日にようやく私はジルス・マリーア村を離れた。その日まで洪《こう》水《ずい》に引き止められていたので、とうとう私はこの素晴らしい村の最後ひとりの逗留《とうりゅう》客《きゃく》になっていた。この村に対する私の感謝の念は、村に不滅の名前をプレゼントしたいと願う。旅の途中でいろいろな出来事に出会い、深夜にようやく辿《たど》り着いた洪水騒ぎのコモ湖では生命の危険にまで曝《さら》されながらも、旅路の果に、九月二十一日の午後、私は私の証明済みの土地であり、その後の居住地となったトリノに到着した。この春借りていた同じ住居をまた選んだ。カルロ・アルベルト通り六番地四階。ここはヴィットーリオ・エマヌエーレ（訳注　父サルジニア王カルロ・アルベルト退位後に一八四九年に即位し、七〇年にイタリア全土の統一を達成した近代イタリアの「祖国の父」）が生まれた宏壮なカリニャーノ宮殿に向かい合い、カルロ・アルベルト広場を望み、さらにずっと先の台地をまで一望の下に見渡している。私はぐずぐずせずに、一瞬たりとも気持を逸《そ》らせないで、再び仕事に取り掛かった。この作品（訳注　『アンチクリスト』）(60)の最後の四分の一だけを片付ければよかった。九月三十日、大勝利。第七日。神のような気持でポー河の畔《ほと》りを散策した。同じ日に私はさらに『偶像の黄昏』の「序言」を書いた。この書の校正刷りに手を入れる仕事は、九月を通じ私の息抜きになっていた。——私はあんな秋をついぞ体験したことがない。地上にあんな種類のことがおよそあり得るなどと思ったこともない。——クロード・ロランの絵のようなものが無限に続いていると思えばいい。一日一日が一様な、始末に負えない完璧性《かんぺきせい》を具《そな》えていた。——

ヴァーグナーの場合
一つの音楽家の問題

一

この書を正当に理解して頂くためには、読者は口を開けた生傷に悩むように、音楽の運命に悩むのでなくてはならない。——私が音楽の運命に悩むという場合、いったい何に悩むのであろう？　音楽が世界を光明化し肯定する性格を失ってしまったことに悩むのである。——音楽といえばデカダンスの音楽になってしまって、もはやディオニュソスの笛ではなくなったことに悩むのである。……しかし、もし仮りに、音楽の問題をこんな風に自分自身の問題として、自分自身の受難史として感じるような読者がいたとしたら、その人は『ヴァーグナーの場合』が思い遣《や》りに満ちていて、並外れて口当りが柔かいと思うことだろう。このようなケースにおいて明朗闊達《かったつ》であり、心地良げに自分自身をこみでからかいの対象にすること——「真実を語る」verum dicere にはどんな辛辣《しんらつ》さも当然と思われるような折に、「笑いながら辛辣なことを語る」ridendo dicere severum（訳注　『ヴァーグナーの場合』の標語。ホラチウス『諷刺詩』一、一、二四「笑いながら真実を語る」のもじり）ということ――これこそは人間味《フマニテート》そのものである。私も昔は大砲の砲手を務めた身である以上（訳注　一八六七年二十二歳でニーチェが兵役に従事したのはナウムブルクの野戦砲兵連隊）[61]、ヴァーグナー目がけてわが重砲の砲弾を浴びせかけることぐらいは造作もないことを、よもや疑う人はいないであろう。――ただ私はヴァーグナーに関する件で決定的なことはすべて書かないで留保して来た。――私はヴァーグナーを愛していたのだ。――結局、ヴァーグナーなどよりも巧妙繊細なある「知られざる者」（訳注　キリスト教、デカダンス、ドイツ精神等々か）、それが誰《だれ》であるか余人には見当もつくまいが、そういう者への攻撃が、私の使命の意味と道程の中には含まれている。――おお、私は音楽の山師カリョストロ（訳注　十八世紀イタリア生まれの有名な詐欺師の名だが、ここではヴァーグナーのこと。『ヴァーグナーの場合』五参照）などとはまるきり別の「知られざる者」たちの中味を暴露しなければならないのだ。――勿論《もちろん》それ以上に、精神的な事柄《ことがら》においてますます怠惰になり、ますます本能不足になり、ますます正直になって行くドイツ国民に対する攻撃が、もっとなされなければならないことは言うまでもない。ドイツ国民は羨《うらや》ましいほどの食欲をもって、相対立するものでも何でもお構いなしに摂取しつづけ、「信仰」でも科学性でも、「キリスト教的愛」でも反ユダヤ主義でも、力への（「帝国」への）意志でも「心貧しき者の福音」évangile des humbles でも[62]、何でもかんでもを消化不良も起こさずに嚥《の》み込んでしまう国民である。……相対立するものの中間に立ちながらのこの党派性の欠如！　胃の腑《ふ》の示すこの中立性と「自己喪失」！　あらゆるものに同等の権利を認め――何でもかんでもを美味《うま》いと感じるドイツ人の味覚のこの公平な感覚。何の疑いもなしに言えるが、ドイツ人は観念論者《イデアリスト》なのだ。……ドイツを最後に訪れたとき私は、ドイツ人の趣味がヴァーグナーと『ゼッキンゲンの喇叭手《ラッパしゅ》』（訳注　ヨーゼフ・ヴィクトール・フォン・シェッフェルの一八五四年作の諷刺詩だが、ここでは同作を基にヴィクトール・E・ネスラーが一八八四年に作曲したオペラ）の両方に同等の権利を認めようとしきりに努力しているのに気がついた。私自身が現に自ら立合い証人となったことだが、単に帝国ドイツ的というような意味ではなしにドイツ的という言葉の古い意味において最もドイツ的で、そして最も生粋《きっすい》である音楽家、すなわち巨匠ハインリヒ・シュッツの名誉を讃《たた》えるために、ライプツィヒにおいて、老獪《リスティヒ》な教会音楽の奨励と普及の目的のためにリスト協会（訳注　リスティヒとリストの音を掛けている）なるものが設立されたのだった。……疑いなく言えるが、ドイツ人は観念論者《イデアリスト》なのだ。……

二

しかし、ここで私は何ごとにも妨げられずに、憎まれ役を買って出て、ドイツ人に二、三の手厳しい真実を述べようかと思う。私がやらなくて誰がそんなことをするであろう？　――私が問題にするのは、歴史的な事柄におけるドイツ人の淫《みだ》らなまでのだらしなさである。ドイツの歴史家には文化の歩み、文化の価値に注がれるべき大きな眼光がすっかりなくなってしまって、彼らは揃《そろ》いも揃って政治（もしくは教会――）に傭《やと》われた道化役者となってしまったが、こういう言い方ではまだ足りない。この偉大な眼光は、ドイツの歴史家たちによって追放されているのである。まず何を措いても「ドイツ的」でなくてはならないのだと彼らはいう。「純血種」でなくてはならないのだという。そうなったときに、歴史的な事柄におけるあらゆる価値と無価値とを決定することが可能になる、というのである。――つまり、価値と無価値とを固定しておくというのだ。……「ドイツ的」ということが一個の論拠だというのである。「ドイツ、世界に冠たるドイツ」（訳注　ホフマン・フォン・ファーラースレーベン作詞の歌で、旧ドイツ国歌）が一個の原理なのである。ゲルマン人こそが歴史における「道徳的世界秩序」であった、というのだ。ゲルマン人はローマ帝国との関係では自由の担《にな》い手であり、十八世紀との関係では道徳の、「定言命法」の再建者であった、というのである。……こうして帝国ドイツ的な歴史記述が生まれるに至る。反ユダヤ主義的歴史記述というものまであり得てくるのではあるまいか。――宮廷的歴史記述というのが存在するが、フォン・トライチュケ氏はこれを恥ともしていない（訳注　いわゆるプロイセン学派は歴史を王家の政治に従属させた）。……ごく最近には、歴史的な事柄における一つの白痴的判断、幸わい今は亡《な》きシュヴァーベン出身の美学者フィッシャー氏（訳注　フリードリヒ・テーオドール・フィッシャー。一八〇七—八七。ヘーゲル美学を基礎にした『美学』三巻を著した理論家で、詩人、小説家としても知られる）の次のような一文が、ドイツの新聞によって、ドイツ人なら誰でも賛同しなければならない一つの「真理」であるとして喧伝《けんでん》されたことがある。フィッシャー氏のこの文章とはすなわち「ルネッサンスと宗教改革、両者は相《あ》い俟《ま》ってはじめて一つの全体をなす。——すなわち美的再生と道徳的再生。」——こんな文章を目にすると、私の堪忍袋《かんにんぶくろ》の緒もついに切れてしまう。そしてドイツ人に向かって洗いざらい、彼らがすでに良心の疚《やま》しさを覚えなければならないどんなことをしでかして来たかを一度全部言ってやりたくなってくる、否《いな》、言ってやることを義務だとさえ感じてくる。彼らドイツ人は過去四世紀のあらゆる大きな文化的犯罪に後めたさを覚えなければならないのである！　……しかも、いつも決まって同じ理由からそれがなされて来たのである。すなわち現実《レアリテート》に対する彼らの心の奥底にある臆病《おくびょう》（それは真理に対する臆病でもあるのだが）から、つまり彼らの場合にはすでに本能になってしまった不誠実さから、「理想主義《イデアリスムス》」から、それがなされて来たのである（訳注　M・フォン・マイゼンブーク宛一八八八・十・二十付書簡、訳注(35)参照）。……ドイツはルネッサンスの時代という最後の偉大な時代の収穫と意味とを、ヨーロッパから奪い取ってしまった民族である。それがどういう瞬間に起こったかといえば、諸価値の一段高い一つの秩序、高貴な、生命に向けて肯定し、未来を保証する諸価値が、それと正反対の諸価値、下降の諸価値の本拠地（訳注　教会のこと）において勝利を博し——本拠地に居据わっていた連中の本能の真只中にまで丁度入り込んだ、まさにそのような瞬間に起こったのである！　ルター、この宿命的な修道士は教会を、否、これよりさらに千倍も困ったことだが、キリスト教を、丁度それが倒れたその瞬間に再興したのだ。キリスト教を、宗教にまでなった、生きんとする意志のこの否認を！……ルター、およそ考えられないほど突拍子もない修道士。彼はその「考えられないほど突拍子もない」ことを根拠にして、教会を攻撃した、——したがって！——教会を再興したのだ（訳注　『アンチクリスト』第六一節に同一モチーフが扱われている）。……カトリック教徒たちはルター祭を催して、ルター劇を作詩する然《しか》るべき理由があるであろう。……ルター——そして「道義的再生」！　ということになると、心理学（訳注　ここでは、ルターがカトリック教会を再興した、という類の心理的逆説）などはみな悪魔にでも呉《く》れてやってしまえ、ということになろう。——疑いもなく、ドイツ人は理想主義者《イデアリスト》なのである。——ドイツ人は過去に二度、誠実で、曖昧《あいまい》さのない、完全に科学的な思惟《しい》方法が巨《おお》きな勇敢さと克己の精神とをもって達成されたまさにそのときに当り、昔の古い「理想」へ逆もどりする抜け道を見つけ出した。抜け道とは真理と古い「理想」との間の妥協点であり、結局は科学を拒否する権利、嘘をつく権利の方式ということになるのだが、ドイツ人は過去に二度そのような抜け道を見つけ出すことが出来たのだった。すなわちライプニッツとカント――ヨーロッパの知的誠実を阻《はば》むこの二つの最大の歯止め！　最後に、デカダンスの二つの世紀（訳注　十八世紀と十九世紀と）の間に架かった橋の上で、地球制覇《せいは》を目的にヨーロッパに一つの統一体、政治的並びに経済的統一体を作り出すのに十分な力を具《そな》えた一個の天才と意志との不可抗力《フォルス・マジュール》が姿を現わしたとき、ドイツ人はヨーロッパからこの意味を、ナポレオンという存在にみられるこの奇《き》蹟的《せきてき》な意味を、彼らのいわゆる「解放戦争」によって奪い取り台無しにしてしまったのである。――ドイツ人はこれをもって、その後に起こったいっさいの出来事に、今日存在するいっさいの物事に、責任を負わねばならない。およそこの世に存在する最も反文化的な病気と背理ともいうべきナショナリズム、ヨーロッパがかかっているこの国民的ノイローゼ、ヨーロッパの小国分立状態の、小型政治のこの永遠化に、ドイツ人は責任を負わねばならない。彼らはヨーロッパからその意味をさえも、その理性をさえも奪い去り――ヨーロッパを袋小路に追い込んでしまったのだ。――この袋小路から脱け出る道を私以外の誰が知っていよう？……一つの使命、きわめて偉大な使命、諸民族を再び結合するに足るこの偉大な使命を、私以外の誰が知っていよう？……

三

——で、つまるところ、どうして私は私の疑念を胸のうちに納めておかなければいけないのだろうか。私のようなケースにおいても、ドイツ人は一個の巨大な運命であるこの私を鼠《ねずみ》一匹に変えてしまおうと、またしてもありとあらゆる手を尽くすことであろう。彼らは今まで私のことでは示し合わせてやって来た。将来彼らがもう少しましな遣り方をするようになるとも思えない。——ああ、この点に関して、私の予言が当らないならどんなに良いであろう！　……私に白紙でのぞむ読み手や聴き手となると、それは今でもすでにロシア人、スカンディナヴィア人、フランス人だが——これからますますそうなって行くのだろうか？——ドイツ人で、認識の歴史に登録されている人々は、誰れも彼もがいかがわしい名前の持主である。ドイツ人が世に送り出して来たのは、いつも「無意識の」贋金《にせがね》つくりばかりだった。（——フィヒテ、シェリング、ショーペンハウアー、ヘーゲル、シュライエルマッハー、それにもとよりカントやライプニッツはみなこの言葉にふさわしい人たちだ。彼らはことごとくただの面紗造り師《シュライエルマッハー》（訳注　シュライエルは「顔を蔽うベール」ないし「正しい認識をそこなう惑わし」の意なので、神学者シュライエルマッハーに掛けた風刺的な言葉あそび）である。——）いいかえれば、精神の歴史における最初の誠実な精神（訳注　ニーチェ自身のこと）、四千年にわたる貨幣贋造《がんぞう》を真理の名において裁きにかけるこの精神が、ドイツ精神と一つに数えられるようなそんな名誉を、ドイツ人に与えては断じてなるまい。「ドイツ精神」とは私にとっては悪い空気なのだ。というのは、ドイツ人のどの言葉にもどの表情にもつい洩《も》れ出てしまう心理的な事柄におけるあの不純さ、本能と化したあの不純さのそば近くにいると、私は呼吸困難になるからである。彼らはフランス人のように厳しい自己吟味の十七世紀といった時代を一度も通過していない。ラ・ロシュフーコーやデカルトのような人は、誠実さという点にかけては、第一級のドイツ人よりも百倍も勝っているのである。――ドイツ人は今日までたった一人の心理学者をも持たなかった。ところが、心理学というのは、一民族の純、不純の度合いを量るほとんど尺度のようなものである。……そして、純粋でさえないものが、どうして深さを持てるはずがあろう？　ドイツ人と附き合うのは、女と附き合うのとほとんど同じで、決して底には行き着かない。ドイツ人には底などないのだ。それだけの話でしかない。が、そうかといって浅いというわけのものでもない(63)。――ドイツで「深い」と言われているものは、私がたった今述べている、自己に対するこの本能的不純さにほかならない。いいかえれば、自分というものをはっきりさせたがらないのである。「ドイツ的」という言葉を、心理学的なこうした荒廃を表現する国際通貨として提案するわけにはいかないものだろうか。——例えば、現にいまドイツ皇帝（訳注 ヴィルヘルム二世）は、アフリカの奴隷《どれい》を解放することを自分の「キリスト教徒としての義務」と呼んでいるが、これとて、ドイツ人とは別のわれわれヨーロッパ人の間では、そんなことは要するに「ドイツ的」というにすぎないとされているのである。……ドイツ人はせめて一冊でも深さを具えた書物を世に送り出したことがあるだろうか。そもそも本における深さとはどのようなものであるのかさえ、彼らには分っていない。識《し》り合いになった学者の中には、カントを深いと思っている人がいるほどだ。プロイセンの宮廷では、ひょっとしてフォン・トライチュケ氏までが深いと思われているのではあるまいか。そして、私が何かの機会にスタンダールを深い心理学者だと褒《ほ》めたりすると、私が出会ったドイツの大学教授の中には、その名前の綴《つづ》りはどう書くのかと私に言わせたりする人もいる始末だった。……

四

——で、どうして私は言いたいことをしまいまで言ってしまってはいけないのだろうか。私はすべてをさっぱりと片づけてしまうのが好きな人間である。ドイツ人軽蔑《けいべつ》者《しゃ》の最たるものだと思われることは、私の功名心の一つですらある。すでに二十六歳のときに（訳注『反時代…』第三篇は一八七四年刊なので、二十九歳の誤記と思われる）、私はドイツ人の性格に対する私の不信感を表現したことがある（『反時代的考察』第三篇七一ページ）[64]――ドイツ人というのは私にとってはどうにも我慢のならない存在なのである。もしも私が自分の本能のすべてに逆らうような種類の人間を思い浮かべてみると、それはいつも決まってドイツ人になる。私が人間の「腎《むらと》を探る」（訳注『詩篇』七の九「ただしき神は人のこころと腎を探り知りたまふ」に依る）第一の基準は、その人が距離感を身に具えているかどうか、あらゆる場面で人間と人間との間に位階、等級、序列を見ているかどうか、つまり区別立てをしている（訳注 原語は distinguieren で、英語の distinguish に相当し、目立たせる、差別する、特別扱いする、の意）かどうかということにある。それをしていれば、その人は貴人gentilhomme たり得るのである。もしそれをしていないならば、致し方ないが、その人は心の宏《ひろ》い、ああ！　はなはだお人好《ひとよ》しの下種《げす》 canaille という概念に属することになる。ところでドイツ人は canaille なのだ。――ああ、彼らはじつにお人好しだ。……ドイツ人と附き合っていると、こちらまでが低くなる。ドイツ人は平等化するからである。……私は二、三の芸術家、とりわけリヒャルト・ヴァーグナーとの附き合いを別にして考えれば、ドイツ人と共に気持のいい時間を過した覚えがない。……仮りに千古を通じての最高の精神がドイツ人の間に立ち現われたとしても、何処《どこ》かそこいらの愚かな女、あのカピトル丘の神殿を救った鵞鳥《がちょう》[65]の一羽が、自分の非常に醜い魂だって少くともその精神と同じくらいには見て貰えるだろう、と錯覚しかねないほどである。……私はドイツ人という種族に耐え難《がた》い思いがしているのだ。ドイツ人と席を共にして面白《おもしろ》いと思う人はまずいないだろう。彼らはニュアンスを感じ取る指を持たない。――ところが、私にとって困ったことに！――私はニュアンスそのものの人間である。――彼らは足にエスプリを具えていないので、歩くことさえままならない。――つまるところ、ドイツ人には足なんてないのだ。彼らにあるのは臑《すね》だけだ。……ドイツ人は自分がどんなに卑俗であるかがまったく分っていない。卑俗の最たることといえば――彼らは自分がドイツ人にすぎないことを恥かしいとさえ感じないことである。……彼らは何事にも意見をさしはさむ。自分自身に物事の決定権があると思っている。どうやら私に関してさえも彼らは決定を下してしまったようなのだ。……――私の全生涯《ぜんしょうがい》は、ドイツ人に関する以上の諸命題に対する厳正な証明であるといえる。私の全生涯の中に、彼らから私に示された思い遣りやデリケートな心づかいのしるしを探そうとしても、それは無駄《むだ》であろう。ユダヤ人からはかつて示されたことがあるが、ドイツ人からいまだに一度もない。私の性分は、誰に対しても柔和で、好意的に振舞おうとすることにある。私は人を区別立て（訳注　原語は Unterschiede machen で、先ほどの distinguieren と違う表現である）しない権利を持っている。――だからといって、これは私が眼を見開いていないということにはならない。私は誰をも例外扱い（訳注　原語はjn. ausnehmen）はしない。わけても自分の友だちを特別には扱わない。——このことがかえって友だちに対する私の人間味を損ねる結果にならなければよかったが、と念じている！　つねづね名誉にかけても実行して来た五つか六つの事柄はあるのだ。——それにも拘《かか》わらず、数年来私の手許《てもと》に届くほとんどすべての手紙を、私が私に向けられた一種の嘲《あざけ》りと感じていることも依然として紛れもない。私に向けられた憎しみの中よりも、好意の中にむしろ多くの嘲りが含まれている。私はわが友人の誰彼に面と向かって、君は私の著作のどれ一つをも、研究の労をとるだけの値打ちがないと思っているのだろう、と言ってやれる。ほんの一寸《ちょっと》したしるしからさえ、彼らが私の著作の中に何が書いてあるかすら知らないことを私は察知してしまう。ことに『ツァラトゥストラ』に関していえば、私の友人の誰もがこの作品の中に見ているのは、許し難いけれども幸い自分にはまったく無関係な一つの僭越不遜《せんえつふそん》だ、というにすぎないであろう。……あれから十年経《た》った（訳注　『ツァラトゥストラ』から、ではない。十年前なら『人間的…』の時代か）。私の名前は理不尽な沈黙の中に葬《ほうむ》られているのに、沈黙に抗して私の名前を擁護することに良心の責めを感じた人は、あれからドイツではついに一人もいなかった。一人の外国人、一デンマーク人がはじめてそれをするに足る本能の絶妙さ、そして勇気を具えて立ち現われた。この人は名ばかりの私の親友たちに腹を立てたのだ。……つまりコペンハーゲン大学でゲオルク・ブランデス博士が今春（訳注　後に「貴族主義的ラディカリズム」の名で雑誌掲載されたブランデスのニーチェ哲学の講義は、一八八八年春二度にわたって行われ、最初のニーチェ評価として成功した）私の哲学に関する講義を行い、これによって彼の心理学者たる真価がいよいよ立証されたわけなのだが、今日いかなるドイツの大学でこの同じ講義が可能であろうか。——私自身はといえば、こんな経緯《いきさつ》をいちいち苦にしているわけではない。必然性のあることには私は傷つかない。運命《アモール・ファティ》愛は私の最も奥深い本性である。このことは私がイロニーを愛することと、それも世界史的なイロニーをさえ愛することと矛盾しはしない。というわけで、やがて大地を痙攣《けいれん》させるであろうあの価値転換の一挙粉砕的な電撃のおよそ二年前に、私は『ヴァーグナーの場合』を世に送り出したのだった。この作品でドイツ人は今一度私に対して不朽不滅の暴行を加え、かつそれを永遠化する手筈《てはず》であった！　今すぐならまだそれをするのも間に合いますよ！　——それはうまくなされたのですか？　——うっとりするほど美事だ、わがゲルマン人諸君！　私は諸君におめでとうと申し上げたい。……(66)

なぜ私は一個の運命であるのか

一

私は私の運命を知っている。いつの日にか私の名前には、何かとてつもなく巨大なものへの思い出が結びつけられることになるであろう。——かつて地上に例を見なかったほどの危機、このうえなく奥深い良心の対立相剋《そうこく》、そのときまで信じられ、求められ、神聖化されて来たいっさいの物事に敵対して呼び出された一つの決断、そういうものへの思い出が結びつけられることになるであろう。私は人間ではないのである。私はダイナマイトだ。——が、そうは言っても、私の内部には宗教の開祖めいた要素はみじんも見られない。——宗教などは愚衆の所管事項である。宗教的な人間と接触した後では、私は必ず手を洗うことにしている。……私自身は「信者」などというものを欲しくない。思うに私は甘い人間ではないので、自分で自分を信仰するということが出来ないのだ。私は決して大衆相手には語らない。……いつの日にか人から聖者と呼ばれることがあるのではないかと、私はひどく恐れている。なぜ私がこの本（訳注『この人を見よ』のこと）を早手まわしに世に出しておくか、察して頂けよう。私がいつか不当な扱いを受けることがないように、予防しておこうというのである。……私は聖者にはなりたくないのだ。それくらいなら道化になった方がまだましだ。……ひょっとしたら私は一個の道化なのかもしれない。……が、それにも拘《かか》わらず、というよりむしろ、それにも拘わらずではなく、それだからこそ、――これまで聖者ほどに嘘《うそ》でこり固まったものはなかったからだが――私の中から真理が語り出《い》でるのである。――しかしながら、私の真理は、恐怖を惹き起こす。なぜならこれまで人が真理と呼んで来たものが嘘となったのだから。――あらゆる価値の価値転換、この言葉こそが私の内部ですでに血肉となり、天分とさえなっている、人類の最高自覚の行為をあらわす表現方式にほかならない。私の運命が要求しているのは、私が人類最初の礼節を弁えた人間でなければならないということ、数千年にわたる虚偽と対決する人間であることを自ら自覚しているということ、これである。……私がはじめて真理を発見するに至ったのは、まず嘘を嘘として感じとった――嗅ぎつけた、そのことによってである。……私の天才は私の鼻孔の中にある。……私は反駁《はんばく》する人間だが、それはいまだかつてその試しがなかったほどの反駁の仕方だ。にも拘わらず、私は否定する精神の正反対である。私はかつてその前例がなかったような福音の使者である。私はこれまでその概念が誰《だれ》にも摑《つか》めていなかったほどの高度の使命を知っている。私が出現してやっと再び、もろもろの希望が成立するようになったのである。(67) だが、それはそうなのだが、私が非運を担《にな》った人間であることもまた避けることは出来ない。なぜなら、真理が数千年にわたる虚偽との戦闘状態に入った以上、われわれはこれからさまざまな震動、夢想だにしなかったような地震の痙攣《けいれん》、山野の移動を経験することになるであろうから。そうなると政治などという概念は、すっかり亡霊どもの戦いとなってしまうであろうし、古い社会の権力組織は、ことごとく空中に飛散してしまうであろう。――そうしたものはすべてみな虚偽の上に成り立っているのだから。つまり、いまだかつて地上に存在しなかったような戦争が起ることであろう。私が出現してようやくにして、地上に大いなる政治が行われるようになるのである。――

二

このような運命が人間という形で立ち現われるとき、その運命を言い表わす言語表現を人は知りたいと思うであろうか。――それならそれは私の『ツァラトゥストラ』の中にある。

——善においても悪においても創造者であろうと欲する者は、まず破壊者となって、さまざまな価値を打ち壊さなければならない。

それゆえに最高の悪は最高の善に属している。しかもこのような善こそが、創造的な善なのである（訳注 『ツァラトゥストラ』第二部「自己克服について」）。

私はこれまで世に存在した限りでの、想像を絶した恐怖を惹《ひ》き起こす人間である。ただしこのことは、私がこの世に最も恩恵を施す人間になるであろうことを妨げはしない。私は私の破壊する力にふさわしいだけ、それと同じ程度に、破壊する喜びを知っている人間だということである。——この二つのどちらの場合にも、否定を行うことと肯定を口にすることとを分離し得ない私のディオニュソス的本性に、私は従うのである。私は最初のインモラリストである。それゆえにこそ卓絶した破壊者でもある。

——

三[68]

ツァラトゥストラという名前が他《ほか》の誰でもなく私の口から、最初のインモラリストである私の口から出ている以上、その名前が何を意味するか、誰か尋ねてくれる人がいてもよかったろうに、誰も私に尋ねてはくれなかった。というのも、歴史の中であのペルシア人（訳注　ゾロアスターのこと）の秀《すぐ》れた独自性をなしているものは、私の口から出されているこの名前の意味する処《ところ》とは正反対だからである。ツァラトゥストラはまず善と悪の戦いを、事物運行の本来の歯車と見たのであった。——道徳を力自体、原因自体、目的自体として形而上《けいじじょう》学的なものに翻訳してしまうこと、これが彼の仕事である。ところでこの問題は、じつをいえばすでにそのまま答えにもなっている。ツァラトゥストラは道徳という、この最も後に重大な結果を招く迷妄《めいもう》を創り出した者でもあったのだ。したがって、必然的に、彼は道徳が迷妄であることを認めた最初の者でもある。彼が道徳の問題に関して他のどんな思想家よりも長期にわたって豊富な経験を積んでいる——まことに全歴史はいわゆる「道徳的世界秩序」という命題の実験的反駁である——というだけのことではない。——もっと重要なことは、ツァラトゥストラが他のどんな思想家よりも誠実であるということである。彼の教え、そしてこの彼の教えのみが、誠実さを最高の美徳として掲げている。——すなわち、現実《レアリテート》に向きあうと恐れをなして逃げてしまう「理想主義者《イデアリスト》」徒輩の怯懦とは正反対のものを、最高の美徳として掲げている。ツァラトゥストラは世のすべての思想家を束にしてまとめた場合よりも、もっと多くの勇敢さを身に具えている。真理を語り出《い》で、そしてよく矢を射ること、これこそペルシア風の美徳にほかなるまい。――私の言わんとする処はもうお分りであろうか？……誠実さから発する道徳の自己超克、道徳家《モラリスト》が自分を超克してその反対のものに――私という存在に――なること、これが私の口から出されている、ツァラトゥストラという名前が意味する処のものである。

四

インモラリストという私の言葉が内に含んでいるのは、結局の処は二種類の否定である。まず第一に私が否定するのは、これまで最高の人間と看做《みな》されてきたタイプの人間、善人、善意の人、善行の人である。第二に私が否定するのは、道徳の一種にすぎないのに道徳そのものとして通用して支配権を獲得するに至ったあのデカダンス道徳、手っ取り早くいえばキリスト教道徳である。この第二の否定において私がした抗議駁論の方がより決定的なものと看做すことが許されるであろう。なぜなら、第一の否定の対象である善意や善行を過大に評価するのは、大まかにいえば、私にはすでにデカダンスの帰結、弱さの徴候、上昇し肯定する生とは相容《あいい》れぬことと看做されるからである。いいかえれば、肯定するには、否定だけでなくさらに破壊ということが条件になっているのである。――ここでは差し当り、善意の人の心理学という問題に足を止めてみることにしよう。あるタイプの人間にどれだけの価値があるかを評価するためには、その人の生存の維持に要する代価を計算してみなければならない。――またその人の生存条件を知っておかなければならない。ところで善人の生存条件は嘘なのである。別の表現でいうなら、現実《レアリテート》というものが究極的にはどういう性質のものであるかということが、善人にはどんな代価を支払ってもどうしても見えて来ない。すなわち、現実《レアリテート》というものはいつでも善意の本能を挑発してくれるとは限らないのだ、というようなことが彼にはどうしても見えて来ない。いわんや、近視眼的なお人《ひと》好《よ》しの人間が手を差し出したとき、現実《レアリテート》はいつでもそれを我慢してくれるとは限らないのだが、これがまた善人にはどうしても見えて来ない。おしなべてあらゆる種類の困窮状態を難点と看做し、除去しなければならない何ものかと考えることは愚の骨頂であり、大まかにいえば、その及ぼすところ必ずや真の害悪であり、いわば一個の運命的な愚劣にほかならない。――その愚劣の程度たるや、例えば貧民たちに同情する余り、悪い天候をこの世からなくしてしまおうとするような意志とほとんど変る処がない。……全体の大きな経済《エコノミー》という見地からいえば、現実《レアリテート》というものの恐怖を惹き起こす諸相（情念における、欲望における、権力への意志における）は、小さな幸福のあの形式、いわゆる「善意」などよりも量り知れないほどに必要なものなのである。「善意」とは本能の欺《ぎ》瞞《まん》が原因で発生するものなのであるから、そもそも占めるべき場所を一つでも「善意」に与えてやるだけでも、よほどの度量の宏さがなくてはならないであろう。いずれ私は楽天主義という、「最も善良の人」homines optimiのこの落し子が歴史全体に対してどんなに度外れた不気味な結果を惹き起こしたかを、一つの大きな切っ掛けを得て、立証してみたいと思っている。ツァラトゥストラは、楽天家《オプティミスト》というのが厭世家《ペシミスト》に劣らぬデカダンであり、ひょっとすると楽天家《オプティミスト》の方がいっそう有害かもしれない、ということを理解していた最初の人間だが、そのツァラトゥストラは次のように言っている。善人は決して真理を語らない。偽わりの岸辺と偽わりの安全場所を君たちに教えたのは、善人たちであった。君たちは善人たちの嘘の中で生まれ、その中に匿《かくま》われてきた。いっさいは善人たちによって、底の底まで偽わられ、捩じ曲げられている（訳注『ツァラトゥストラ』第三部「古い石板と新しい石板」二八）。幸いなことに世界は、人が好いというほかに取《と》り柄《え》のないような畜群がその中にけちな幸わせを見つけ出せるようにと、そんな本能を目標にして構築されてはいないのだ。万人はすべからく「善人」であれ、畜群であれ、碧《あお》い眼《め》の人（訳注　うぶ、ナイーブ、お人好しを俗にこう言う）であれ、誰にでも好意的であれ、「美しき魂」であれ——さもなくばハーバート・スペンサー氏がお望みのように、万人は愛他的であるべしなどと要求することは、どだい生存からその偉大な性格を奪い取ってしまうことにほかならない。人類を去勢して、憫《あわ》れむべき支那《しな》の宦官《かんがん》の状態に引き下げることにほかならない。――しかもこれこそ今まで試みられて来たことなのである！　……これこそ道徳と呼ばれて来たものなのである……ツァラトゥストラが善人たちをあるときは「末人」と呼び、あるときは「終末の始まり」と呼んでいるのは、以上の意味においてである。善人というのは自分の生存を全《まっと》うするためとあれば、真理を犠牲にするだけでなく、未来をも犠牲にする人たちなので、ツァラトゥストラはとりわけ彼らを最も害のある種類の人間と感じている。

善人たち――彼らは創造する力を持たない。彼らはつねに終末の始まりである。

――

――新しい価値を新しい石板に書きつける者を、彼らは十字架にはりつける。彼らは自分のために未来を犠牲にする。彼らは人間の未来をことごとく十字架にはりつける！

善人たち――彼らはつねに終末の始まりだった……

世界誹《ひ》謗者《ぼうしゃ》たちがよしんばどんなに害のあることをなそうとも、善人たちの及ぼす害こそは、最も害のある害である（訳注『ツァラトゥストラ』第三部「古い石板と新しい石板」二六）。

五

善人に関する最初の心理学者ツァラトゥストラは――したがって――悪人の友であるといっていい。デカダンス人種の人間が現に最高人種という位階に昇りつめているのは、その反対の人種、強力で生きることに確信をもっている人種を犠牲にしてのみ起こり得たことであった。畜群どもがこのうえなく清らかな美徳の栄光の光に包まれて輝いているのだとしたら、例外的人間の方は、低く評価されて悪人になり下らざるを得ない。欺瞞が「真理」という語を自分の外見的印象を飾るために欲しいとあくまでも要求するならば、真に誠実さを持つ人間は、あらためて最悪の名称の下に繰り入れられることとなるほかはない。この点でツァラトゥストラの言っていることには疑わしい処がまるでない。彼は次のように言っている。人間一般に対する総毛立つ戦慄の恐怖を自分に与えたのは、善人の、「最善の者」たちの正体の認識にほかならなかった。人間一般に対するこれほどの嫌悪《けんお》があったからこそ、自分には「遠い未来へ飛《ひ》翔《しょう》する」（訳注『ツァラトゥストラ』第二部「処世の知恵について」）翼が生えてきたのだと思う、と。――ツァラトゥストラは次の事実を隠さない。自分のような型の人間、相対的にみて超人的な型の人間は、ほかでもない、善人たちとの対比において超人的だということになるのであり、逆にこの善人たち、正義の人士たちからすれば、さぞや自分のような超人型の人間を悪魔と呼ぶことになるのであろう、と。……

君たち、私の眼に触れた中での最高の人間たちよ。君たちに対する私の疑いと、私の秘《ひそ》かなる笑いはじつはこうなのだ。察するに、君たちは私の超人を——悪魔と呼ぶのではないだろうか！

君たちは君たちの魂のすべてを挙げても、なお偉大なものには無縁である。それだからこそ、超人が慈愛の気持を見せているときでも、君たちにはなお恐怖の源となるのであろう（訳注『ツァラトゥストラ』第二部「処世の知恵について」）。……

この個所、まさにこの個所以外のいかなる個所でもないのだが、ツァラトゥストラが何を欲しているかを摑む手掛かりはここでこそ得られなければならないであろう。すなわちツァラトゥストラが構想するようなこの種の人間は、現実《レアリテート》をあるがままに構想するのだ。この種の人間はそれに堪えられるだけ十分に強い存在である。——この種の人間は現実《レアリテート》から冷ややかに疎外《そがい》されたりはしない。現実《レアリテート》から夢見心地に消え失《う》せたりもしない。この種の人間は現実《レアリテート》そのものだといっていい。じつは、この種の人間は現実《レアリテート》における恐怖すべきものと疑わしきものの何もかもを、自分自身の内部に抱えてもいる。これでこそはじめて人間は偉大さを持つことが可能となるのである。……

六

――しかしながら、私はインモラリストという語を、じつはさらにもう一つの別の意味において、私自身を言い表わす記章として、名誉の称号として選んだのでもあった。私と全人類とをきちんと区別するこの語を持っていることで、私は自分を誇りに思っている。何びともまだ、キリスト教の道徳を自分以下のものと感じた者はいない。そう感じるためには一つの高さが、一つの遠望が、これまでについぞなかったある未《み》曾《ぞ》有《う》の心理学的深さと深遠性とが必要なのだった。キリスト教的道徳は従来すべての思想家にとって魔女キルケ（訳注『オデュッセイア』に出て来る、人間を獣に変える妖魔）であった。――思想家たちはみなこの魔女に仕えたのだ。――私以前にいったい誰が、この種の理想の――世界誹謗の！――毒気を湧きあがらせている洞穴《ほらあな》の中へ降りて行ったであろうか？　いったい誰が、これが洞穴だということをせめて感じ取るだけの勇気を持っていたであろうか？　私以前に哲学者の中のそもそも誰が、心理学者であっただろうか？　それどころか、むしろ心理学者とは正反対の「高等ぺてん師」「理想主義者《イデアリスト》」ではなかったのか？　私以前に心理学というものはいまだまったく存在したことがない。——この点において最初の人間であることは、一つの呪《のろ》いでもあるのかもしれない。いずれにせよこれは一つの運命ではある。なぜなら、軽蔑することにかけても、最初の人間となるのであるから。……人間に対する嘔吐、これが私の危険である。……

七

私という人間をこれでお分り頂けたであろうか？　——私を他と区別し際立《きわだ》たせるもの、私を私以外の全人類に対し局外者にするもの、それは私がキリスト教道徳の覆いを剝ぎ取ったということにある。万人に対する挑戦《ちょうせん》の意味を内に含んでいる一つの語[69]を私が必要としていたのは、そのためであった。この点において人類がもっと早く目を開かなかったことは、人類がその責めを負わなくてはならないこのうえなき汚辱であり、本能となってしまった自己欺瞞であり、どんな出来事をも、原因性をも、現実性をも原則的に見まいとする意志であり、心理学的事柄《ことがら》における犯罪とまで言えるほどの贋金《にせがね》づくりである、と私には思われる。キリスト教に対し盲目であることは、犯罪の最たるものである。――生に対する犯罪の。……幾千年という歳月、もろもろの民族、その中の初代の人々も末流の人々も、哲学者たちも老婆《ろうば》たちも、どれもこれもこの一点にかけては似たりよったりの同罪だった、――歴史上五つか六つの瞬間は例外として、七番目の瞬間であるこの私も例外として。キリスト教徒というのはこれまで「道徳的存在」そのものという、類を見ない骨董品《こっとうひん》であった。――そして「道徳的存在」でありながら、およそ最大の人類侮蔑者《ぶべつしゃ》でさえも夢想し得ないくらいに、不条理で、偽わりに満ち、空虚で、軽佻浮薄《けいちょうふはく》で、自分自身に対し有害であった。キリスト教的道徳――虚言への意志の最も性《たち》の悪い形式、人類にとっての本当の魔女キルケ、人類を腐敗させた張本人。キリスト教的道徳は錯誤ではあるけれども、これをつくづくと打ち眺《なが》めて私が愕然《がくぜん》となるのは、それが錯誤だということではない。また、幾千年にもわたって、精神的な方面における「まともな意欲」、陶冶《とうや》とか礼節とか勇気とかの欠如が、錯誤の勝利のうちに透《す》けて見えているということなのでもない。――私が愕然となるのは、自然の欠如ということである。あれほどの反自然が、こともあろうに道徳として、最高の栄誉を受け、掟《おきて》として、至上命令として、人類の頭上に高々と掲げられたという、まことに身の毛もよだつ恐しい事態である！……これほどまでに道を踏み外し、しかもそれが個人としてではなく、民族としてでもなく、じつに人類として行われたのだ！　……人々は生の本能のうちの第一義的な本能を軽蔑するようにと教えられた。身体《しんたい》を侮辱するために、「霊魂」であるとか「精神」であるとかが捏造された。生の前提にほかならない性的なことを、何か不潔なことと感じるように教えられた。成長発達のための最も深い必要事ともいえるしたたかな我欲 die Selbstsucht（――「我欲」という言葉がすでに中傷的な響きを持っている！――）を邪悪な原理に見立てようとした。そして、これとは反対に、衰亡や反本能の典型的な目じるしである「無我」das Selbstlose ということ、この重力の喪失、「非人格化」die Entpersönlichung と「隣人愛」（――隣人病！）とを高等な価値、否《いな》、むしろこう言っておきたい！　価値それ自体と看做してきた！　……何ということであろう！人類そのものがデカダンスに陥っているのであろうか？　人類はいつもこうだったのか？　――確かなことは、デカダンスの諸価値だけが人類に最高の諸価値として教えられて来たということである。自我滅却 die Entselbstung の道徳というのは、「私は滅びる」という端的な事実が「お前たちはみな滅びるべし！」という命令形に翻訳された、このうえない衰亡の道徳である。――否、命令形に翻訳されただけに留まるものではない（訳注　宗教上の教え、戒律にまでなった、の意か）。……これまでに教えられて来たこの唯一《ゆいいつ》の道徳、自我滅却の道徳は、隠そうとしても終末への意志を隠し切れないのだ。その下心の底の底において、生を否定している。——それにしても次のような可能性はいつまでも可能性のままに残っていることであろう。すなわち退化堕落しているのは人類ではなく、あの寄生虫的人種、僧侶人種だけであって、彼らが道徳を用いて嘘《うそ》八百を並べて人類の価値規定者に自らを祭り上げたのではないか——つまり彼らはキリスト教道徳をみてこれは権力を摑《つか》むための自分たちの絶好の手段になる、といち早く察知したのではないか。……そして事実、以上は私の洞察《どうさつ》とも一致する。人類の教師、指導者、神学者は揃《そろ》いも揃って、一人残らず、デカダンである。このことから、いっさいの価値の生に敵対的なものへの価値転換が生じたのであり、言いかえれば、このことから道徳が生じたのである。……道徳の定義、すなわち道徳とは——生に復讐せんとする下《した》心《ごころ》を具《そな》えていて——そしてそれに成功したデカダンの徒輩の病的特異体質《イディオジュンクラジー》である。私はこの定義を重んじている。——

八

——私という人間をこれでお分り頂けたであろうか？　——私がたった今語ったどの言葉も、私がすでに五年前にツァラトゥストラの口を通して語ったことばかりである。——キリスト教的道徳の覆いを剝いだことは、他にその類を見ない一つの出来事であり、実際に起こった一つの破局《カタストローフ》である。キリスト教道徳を解き明かして見せる者は、一つの不可抗力《フォルス・マジュール》であり、一つの運命である。――彼は人類の歴史をまっ二つに断ち割る。人は彼以前に生きるか、彼以後に生きるか、そのどちらかになる。……真理の稲妻は、ほかでもない、これまで最高の座を占めていたものに命中したのだ。命中したときに何が破壊されたかを了解している者は、そもそも自分の手にまだ何か残っているものがあるかどうかを、つくづく眺めてみるがいい。これまで「真理」と呼ばれていたものは、どれもこれも嘘の最も有害で、最も陰険な、そして最も地下的な形式であると見破られたのである。人類を「改善する」という聖なる口実は、生そのものを吸い取って、血を欠乏させるための悪だくみであると見破られたのである。吸血鬼嗜好としての道徳。……道徳の覆《おお》いを剝《は》いだ者は、現在信じられているか、あるいは過去に信じられて来たあらゆる種類の価値が無価値であることをも、同時に暴いたことになる。そのような人はまた、最も尊敬されて来た、聖とさえ呼ばれて来たタイプの人間たちを、もはやなんら尊敬すべきものだとは思わなくなっている。彼は神聖なタイプの人間たちのうちに、後に重大な災いを招く生まれ損いを見届けている。神聖なタイプの人間たちが重大な災いを招くわけは、彼らが世間を魅了したからである。……「神」という概念は生の反対概念として発明されたのだ。――「神」という概念の中では、ありとあらゆる有害なもの、有毒なもの、誹謗中傷の類、生に対する徹底せる敵意などがことごとく糾合されて、一つの凄《すさ》まじい統一体を成している！「彼岸」とか「真の世界」とかいう概念は、現に存在しているこの唯一の世界を無価値であるとして――もはやわれわれのこの地上の現実のためにはいかなる目標も、いかなる理性も、いかなる使命も今後ずっと残さないままにしてしまうために、発明されたのである！「霊魂」や「精神」といった概念、さらにそのうえ最後に「不死不滅の魂」といった概念は、身体《しんたい》を侮辱し、身体を病気に――「神聖に」――するために発明されたのである。言いかえれば、生活上真剣な扱いを受けてしかるべきあらゆる事柄、栄養、住居、精神衛生法、病人の看護、清潔、天候などといった事柄を、ぞっとするような軽はずみな態度で扱うために発明されたのだ、と言ってもいい！健康の代りに「魂の救い」が持ち出されるが――ここでいう「魂の救い」とは、懺悔《ざんげ》の痙攣《けいれん》と救済のヒステリーとの間の周期性痴呆《ちほう》症[70]にほかならない！「罪」という概念は、それに付きものの拷問《ごうもん》道具であるあの「自由意志」という概念と抱き合わせで、本能を錯乱させ、本能に対する不信感を第二の天性にしてしまうために発明されたのである！「無我の人」「自己否定の人」という概念にあっては、有害なものに誘惑されるとか、自分に有利なものが何だかもはや分らなくなってしまうとか、自分を破壊してしまうとか、総じてそういった本来のデカダンスの目じるしが、そもそも価値のしるしにされているのであり、すなわち「義務」とされ、「神聖」とされ、人間における「神的なもの」とされているのである！　最後に取り上げるのは——一番これが恐しい事柄なのだが——善人の概念であって、この概念においてはすべての弱者、病者、出来損い、自分自身に悩んでいる者、すなわち滅んでしかるべきいっさいの者の擁護者として立つことが表明されており——淘汰の法則が阻《はば》まれ、誇りを抱く出来の良い人間、肯定する人間、未来を確信し未来を保証する人間に対する否定的抗議が、一つの理想として祭り上げられている始末である。——こうなると後者の出来の良い人間の方が悪者呼ばわりされることになる。……しかもこうしたいっさいが道徳として信奉せられたのである！　——この穢らわしきものを踏み潰せ！（訳注 Ecrasez l'infâme！　ヴォルテールが多用した、宗教家弾劾の有名な言葉）——

九

——私という人間をこれでお分り頂けたであろうか？　——十字架にかけられた者対ディオニュソス……

訳注

（1）「真の世界」と「仮象の世界」との対立については、『偶像の黄昏《たそがれ》』の「いかにして《真の世界》がついに作り話となったか」の章を参照。この対立の用語上の由来は、Gustav Teichmüller（1832–88）の『真の世界と仮象の世界——形而上学《けいじじょうがく》の新しい基礎づけ』（*Die wirkliche und die scheinbare Welt——Neue Grundlegung der Metaphysik*, 1882）という書物に対する、当てこすりであったと考えられている。Teichmüller はゲッティンゲンとバーゼルにおける哲学の教授で、文献学が嫌《いや》になっていたニーチェは、バーゼルで彼の後任になろうとして失敗した経緯がある。

（2）序言第四節は本書「なぜ私は一個の運命であるのか」の第三、六、七、八節参照。

（3）『偶像の黄昏』「ある反時代的人間の逍遥《しょうよう》」第五一節末尾参照。

（4）halkyonisch はまた alkyonisch ともいい、海上風波の穏やかな、平穏な凪日和《なぎびより》を指し、ことに冬至前後の平静な日々を表現するときに用いられもする。語源的には、ギリシア神話中のエオルスの娘であるアルキュオネから来る。難破して死んだ夫の後を追って川蟬《かわせみ》に変身したアルキュオネが、卵をかえす冬至前後の日々、ゼウスが風波を静めた話に由来する。

（5）デ・グロイター版全集では、この後に、次の二行がつけ加わっている。

宣戦布告　〈取り消し〉
鉄槌《てっつい》は語る　〈取り消し〉

（6）この個所はデ・グロイター版全集では、「あらゆる価値の価値転換、ディオニュソス頌歌、そして気晴らしまでに、偶像の黄昏」となっている。

（7）「どんな種類の刺戟《しげき》にも彼は緩やかに反応する」以下、ここまでは、『偶像の黄昏』「ドイツ人に欠けているもの」第六節を参照。

（8）デ・グロイター版全集では、第三節全体が、次の文に大幅に入れ換えられている。
「私はこんな父を持ったことを一つの大きな特典だと思っている。父の説教を聴いた農民たちは――というのも、父はアルテンブルクの宮廷で数年暮した後で、晩年は牧師であったからだが――おそらく天使というものはああいう外見をしているに相違ない、と言ったものだった。――このように述べたことで、私は人種の問題に触れているのである。私は純血種のポーランドの貴族である。一滴の不純の血も混じってはいない。ドイツ人の血などは最も混じっていない。もしも私が自分に一番深く対立している存在、手に負えないほどの本能の俗悪さを探すなら、それはいつの場合にも私の母と妹である。――こういう下種《げす》な人間（canaille）と血縁関係にあるなどということを信じるのは、私の持つ神性に対する何らかの冒瀆《ぼうとく》になるであろう。私が母と妹の側から、ごく最近の瞬間に至るまで受けている待遇は、私に何とも言いようもない恐怖の念を起こさせる。すなわち、この二人の待遇においては、寸分の狂いもない時限爆弾が、誤差のない確実さで作動している。私に血まみれの大怪我《おおけが》を負わせることの出来る瞬間――私の最高の瞬間――を狙《ねら》って。……それというのも、この瞬間には、毒虫に対し自己防衛をするどんな力も欠けているからである。……二人と生理的に接触すれば、このような予定不調和 disharmonia praestabilita（訳注　ライプニッツ形而上学の根本原理「予定調和」をもじった）が起こり兼ねないのだ。……で、私は告白しておくが、私の真に深淵を孕んだ思想である「永劫回帰」に対する最も深刻な難点といえば、つねに母と妹の存在である。――しかも、私はポーランド人でもあって、途方もない先祖返りを唱えてもいる。地上にかつて存在したなかでこの上もなく高貴なこの人種の姿を、私の身が表わした程度に本能の汚れもないままに見出《みいだ》すためには、われわれは幾世紀をも遡《さかのぼ》らなくてはならないであろう。今日貴族と呼ばれる者のすべてに対し、私は自分が際立《きわだ》って秀でているとの感情を抱いている。――若いドイツ皇帝（訳注　ヴィルヘルム二世を想定）が私の馭者《ぎょしゃ》になると申し出たとしても、私は彼にその名誉を許さないだろう。私が自分と同等の人間であると認めている唯一《ゆいいつ》の場合が存在する。――私はそれを深い感謝の念を籠《こ》めて告白する。コージマ・ヴァーグナー夫人は比類ないまでに最高の高貴な天性の持主である。言い洩《も》らしたくないので、一言申し述べておくが、リヒャルト・ヴァーグナーは私とはこの上もなく同質同類の男であった。……それ以外のことは、もう、何も言わぬ（訳注　ハムレットの最後の台詞）。……同質同類ということの度合いに関する世間一般の支配的概念は、そのばかばかしさがこれ以上は考えられないという一個の生理学的なたわごとである。ローマ法王は今日でもなおこのたわごとと取引きしている。人間は自分の両親と同質同類であることが最も少ない。もしも自分の両親に近似しているとしたら、それは俗悪さの最も極端なしるしであろう。一段と高い天性の持主たちは、はるか遠い時代に遡って自分の起源を持っている。今日の彼らの代を目指して、最も長期間にわたり、蒐集《しゅうしゅう》がなされ、節約が行われ、蓄積が重ねられて来なくてはならなかった。偉大なる個々人は、最古の時代の人々である。私には勿《もち》論《ろん》分らないことではあるのだが、ジュリアス・シーザーは私の父に当るのかもしれないのだ。——あるいは、アレクサンダー大王、あのディオニュソスの化身が私の父では……私がこう書いているこの瞬間にも、郵便屋が私にディオニュソスの頭部を持って来てくれる……」

（9）「まったく滅多に、ただ結局の処は一回だけしか」が、デ・グロイター版全集では、「あの唯一《ゆいいつ》の場合を除いて」となっていた。「一回だけ」とか「唯一の場合」とかは、注（8）に示された母と妹にある悪意。

（10）『ツァラトゥストラの試練』という標題で、ニーチェは一八八八年秋、『ツァラトゥストラ』第四部の公刊を計画した。結局は第四部は私家版で出版された。

（11）この後につづけて次のような文章が書かれていたが、十二月初旬の改稿でニーチェが削除した。「ヴァーグナーの場合でさえそうであった。ヴァーグナー夫人と私との友情には気の置けない雰囲気《ふんいき》があったので、私がいつまでも覚えているのは爽《さわ》やかで、そして気持を高めてくれる思い出、そのような思い出だけであったこと——そしてわれわれの間に影ひとつ存在しなかったことを、私はどうしても否定するわけにはいかない。まさにこのことが、ヴァーグナー問題一般を文化問題として見る——そしておそらくは文化問題として解く視点のあの中立性、あの無私の精神を、はじめて私に許してくれたのである。……最後の第五条、私は私が根本からよく知っている物事だけを攻撃する。——私自身が経験した物事で、私がある程度まで自らそうであったような物事だけを攻撃する。——例えば、私の祖先のキリスト教が、私の内部で、自らの結論を引き出している。——キリスト教によって大きく育成された、太陽のように浄《きよ》らかになった知的良心の厳正さ、真理条件における純粋さが、キリスト教に向かって歯向かったのである。私の内部で居ずまいを正し、私の内部で自らを克服したのは、キリスト教そのものである。」

　ニーチェはこの文章を削除すると同時に、次章「なぜ私はかくも怜悧《れいり》なのか」第五節を、ヴァーグナーと自分との関係に捧《ささ》げた。

（12）『偶像の黄昏』「箴言《しんげん》と矢」第一〇節参照。

（13）「ルネッサンス式の徳（Virtù）、道徳《モラル》のくさみのない徳」は『アンチクリスト』第二節参照。

（14）ディオゲネス・ラエルティオスに関して、ニーチェは学生時代に二篇《へん》、教授時代に一篇論文を書いている。いずれも彼の文献学者としての能力を評価された記念碑的仕事であり、その後もこの方面の専門書では度々引用され、参考文献に数えられている。

「ディオゲネス・ラエルティオスの典拠について」『ライン文献学誌』一八六八年第二十三号六三二—六五三ページ、一八六九年第二十四号一八一—二二八ページ。

「ラエルティオス研究断片」『ライン文献学誌』一八七〇年第二十五号二一七—二三一ページ。

「ディオゲネス・ラエルティオスの典拠研究と批判への寄与」一八七〇年バーゼル大学附属高等学校『年報——ゲルラハ博士教職五十年祝賀論文集』所収。

（15）ここで校正刷りが終わって、第三節のこれ以後は、十二月初旬の改稿時点においてはじめて現行のテキストに改められた。改稿時点より前には、次のような文章が置かれていた。ご覧の通り、必ずしもフランス文化に限定されない記述であった。

「フランス人の中では昔から、おそらく気質が似ているせいだと思うが、私を爽快な気分にしたのはモンテーニュだった。モンテーニュと私とは洒落気たっぷりの悪戯心の幾つかを精神の中に、否、ことによったら身体の中にも受け継いでいるかもしれない。――ディオニュソスの良き弟子はまた良きサテュロスでもなければならないのだ。――十年来、私はスタンダールと気持のいい会話を交している。彼は書物という偶然で知り合いになれた、私の最も快適な知己の一人である。冒険家に特有の彼のあの心理的な好奇心。酷薄なまでの彼の現実感覚。この現実感覚にはナポレオンの前足を思わせるような何ものかがはっきり表われている（すなわち「爪によってナポレオンを知る」）。最後に、フランス人の間では並の評価も及ばぬほどの、彼の正直な無神論は、私の共感を喚《よ》ぶに足る権利を彼に与えている。スタンダールは最良の無神論的警句を残した。すなわち《神がなし得る唯一の弁解釈明は、神が存在しないことである。》――エマソンはそのエッセーによって、私には仲の良い友であり、暗い歳月の折にも私の気持を晴れやかにしてくれた人だ。エマソンはじつに多くの懐疑精神、じつに多くの《可能性》を内に蔵しているので、徳でさえ彼の場合には、機智《きち》に溢《あふ》れている……エマソンは私がすでに少年時代に、その言葉に喜んで耳を傾けた、唯一のケースである。『トリストラム・シャンディ』も同様に、私のごく初期の、私の趣味に適《かな》った書物の一つである。ローレンス・スターンを私がどう感じていたかは、『人間的な、あまりに人間的な』の力をこめたある個所（第二部一一三番）に示されている。ひょっとすると、私がドイツ語の本の中でリヒテンベルクをことのほか好んだのは、似たような理由によるのかもしれない。他方、《理想主義者》シラーに私が疑問の矢を向け始めたのは、すでに十三歳のときであった。……私はまた聖職者ガリアーニ、かつて生存した中で最も深みのあるあの道化役者を忘れたくはない。――古代の書物の中で私が最も強い印象を受けた一人は、最後の『メニッポス式皮肉漫筆』を書いたお調子屋のプロヴァンス人ペトロニウスである。《道徳》を前にしての、《厳粛さ》を前にしての、自らの崇高な趣味を前にしての彼のあの平然自若とした自由ぶり、ラテン語における卑俗語と《教養語》の混じり合いにみられるあの洗練ぶり、古代人の《魂》に宿るあらゆる動物性を、優美さと悪意とでやすやすと跳び越えていくあの奔放きわまりない上機嫌《じょうきげん》ぶり。――これと同じような解放的印象を私に与える本があるとして、私はそういう本をどう名づけてよいか分からない。つまり、ディオニュソス的印象を与える本のことだ。私が厭《いと》わしい印象から逃れて大急ぎで自分を回復する必要にせまられる場合――つまり、どういう場合かというと、キリスト教批判が目的で私があまりに長期にわたり使徒パウロの泥沼《どろぬま》の瘴気《しょうき》を呼吸しなければならなかった、というような場合だが――私には雄々しい手段として、ペトロニウスの二、三ページを読めば十分である。私はただちに健康を回復するのだ。」（傍点は現行テキストとの用語上の一致個所。）なおペトロニウスの個所に関しては、『アンチクリスト』第四六節を参照。

（16）Gyp（綽名《あだな》）は、Martel de Janville 侯爵《こうしゃく》夫人（一八四九―一九三二）のこと。ミラボーの遠戚《えんせき》筋に当る、フランスの女流作家。俗語を多用した文体で、同時代の社交界・政界を厳しく批判した小説を書いた。代表作は『小さなボブ』（一八八二）、『結婚の周辺』（一八八三）。

（17）Meilhac, Henri (1831–97) はフランスの劇作家、大衆演劇、オペラの台本作者。作曲家オッフェンバッハが曲をつけた作品もある。代表作は劇『美しきエレナ』（一八六四）、『パリの生活』（一八六六）。ビゼー作曲『カルメン』の台本も書いている。なお、『美しきエレナ』はオッフェンバッハのオペレッタにもなっていて、大学生ニーチェがライプツィヒの舞台で見ている。学生時代、ニーチェは大の劇場好きだった。

（18）『偶像の黄昏』「四つの大きな錯誤」第八節の終結部を参照。

（19）ニーチェがバイロンに熱心に打ち込んだのは一八六一年後半から六二年へかけて、プフォルタ学院生徒の十七歳当時で、十三歳というのは解《げ》せない。同人会『ゲルマニア』に、「バイロンの戯曲作品についてI」という評論を、一八六一年十二月に提出し、同人集会で朗読している。（この中に「超人」Übermensch という語がはじめて登場する。）また、ゲーテ『ファウスト』第二部で、バイロンを想起させる人物オイフォーリオンの、ニーチェによるパロディーと思われる小説『オイフォーリオン』がこの頃《ころ》書かれた。ただし現在は冒頭の断片しか残っていない。

（20）これはシューマンの『マンフレッド序曲』に対する対抗作品を書いたという意味である。ニーチェが作曲したのはピアノ四手連弾曲、オーケストレーションのためのスケッチ『マンフレッド瞑想《めいそう》曲《きょく》』（一八七二年四月十五日付）である。丁度『悲劇の誕生』時代に書かれたこの曲は、本文にもある通り、『悲劇の誕生』を評価していたハンス・フォン・ビューローから酷評された。承服しがたいニーチェは二年後、チューリヒの楽長フリードリヒ・ヘーガーに判定を求め、「気分に溢れた即興作品の印象」を与えるが、構成力が弱いと指摘された。後日『曙光《しょこう》』について、「この本全体の背後に私のマンフレッドの曲が響いているのです。――」（一八八一・一二・二一付ガスト宛《あて》）と書いている。

（21）注（11）の末尾に述べた通り、十二月初旬の改稿によって、第五節が挿入《そうにゅう》された。改稿前の原稿では、「音楽は……興奮剤であってはならない。疲れた神経にとっての鞭打《むちう》ち、単なるヴァーグナー主義であってはならない！」「ヴァーグナー風の音楽の濫用《らんよう》ほどに不健康なものはない！」「ヴァーグナーと青春――といっても、これは毒と青春というにも等しいのだ。」といった言葉が示す通り、ヴァーグナーに対する否定的な言句で一貫し、さらに後半では、ペーター・ガストを「今日、音楽が何であるかをまだ知っている唯一の音楽家」と称揚する文章がつづき、現行の第五節とはがらりと様子が異っている。（全文訳は割愛）

（22）原文は「二五六ページ以下」（S. 256 f.）となっているが、『善悪の彼岸』二五六番に相当する。ニーチェは初版本から引用し、ページ数とアフォリズム番号がたまたま一致したのであろう。

（23）第六節に関連して、ニーチェはペーター・ガストに宛てて次のように書いた。「貴方《あなた》は『この人を見《み》よ』の中に、トリスタンに関する、ヴァーグナーと私の関係に関する、途轍もない一ページを見出《いだ》すでしょう。」（一八八八・十二・三一付）

（24）一八六一年三月、少年期の友人グスタフ・クルークがニーチェの前で『トリスタンとイゾルデ』のピアノ抜萃曲《ばっすいきょく》を弾いて聞かせた。ニーチェがヴァーグナーの音にはじめて触れたのは十六歳のこの瞬間である。「フォン・ビューロー氏に感謝！」とあるのは、このピアノ抜萃曲を編纂《へんさん》したのがハンス・フォン・ビューローであったからである。ただし、十六歳のこの時に、ニーチェがヴァーグナーの音の世界に早くも魅惑され、圧倒的影響を受け始めたと考えるのは、少年期の伝記的事実と一致しない。ニーチェはかなり久しくヴァーグナーの音の世界に抵抗していた。したがって、『この人を見よ』のここの記述は後年の誇張を含む。

（25）『ニーチェ対ヴァーグナー』に「間奏曲（インテルメッツォ）」という一節があり、この第七節と内容が一致する。

（26）「リストの作品若干をも」は、デ・グロイター版全集では、単に「リストをも」となっている。

（27）『ディオニュソス頌歌』「最も豊かな者の貧困について」参照。

（28）ここから約十行ほど前から展開されている内容については、一八八八・五・二三付ブランデス宛書簡参照。

（29）「テオグニスの格言詩集の歴史のために」『ライン文献学誌』一八六七年第二十二号一六一―二〇〇ページ。

（30）デ・グロイター版全集では、この後に、次の文章が入る。「かくてわれわれの現代文化は、最高の度合においてきわどいものになっている。……ドイツ皇帝は法皇と結託し、法皇が恰《あたか》も生に対する烈《はげ》しい敵意の代表者ではないかのごとくに振舞っている！　……現在建造されているものはおそらく三年後にはもう建ってはいないであろう。――これから先私より後に起こること、転覆とかその後の比類ない建設のことは別にして、私が現在なし得ることに即して自分を測ったとしても、私は他のいかなる人間よりも偉大という言葉を要求する権利を持っている。」

（31）『偶像の黄昏』「箴言と矢」第一五節、『アンチクリスト』序言に、同一表現が見出される。

（32）vgl. Schopenhauer : *„Legor et legar"*, in der Vorrede zu *„Über den Willen in der Natur"* (2.Ausgabe), mit dem Datum „August 1854" (Werke, Frauenstädt—Ausgabe, Bd. IV, S. XIII)

（33）Josef Viktor Widmann : *Nietzsches gefährliches Buch*, im *„Bund"* 16-17. Sep. 1886 このヴィートマン（一八四二—一九一一）は、高等学校でブルクハルトの教えを受け、大学で神学を学び、教師を経て、『ブント』の編集者となり、後に劇作家となった。一八八七—八八年頃にニーチェとも文通していたが、彼の発狂後の一八九三年に『善悪の彼岸』と題した三幕の芝居を書いて、当りを取り、九〇年代のいわゆるニーチェ熱の火を煽《あお》った。彼はカール・シュピッテラーとも交友関係にあり、ケラーとの往復書簡でも知られる。

（34）Carl Spitteler : *Friedrich Nietzsche aus seinen Werken*, im *„Bund"*, 1. Jan. 1888 vgl. Carl Spitteler, *Meine Beziehungen mit Nietzsche*, München 1908

（35）「私を多少とも理解したと思い込んでいる人」以下、ここまでに関しては、『ある理想主義者の回想』（一八七六）を書いたマルヴィーダ・フォン・マイゼンブークに宛てたニーチェの次の書簡（一八八八・十・二十付）を参照されたい。
「私は貴女に年来私の著作を贈呈してきました。貴女がしまいにいつか、正直にまた率直に、私の《どんな言葉もたまらなく嫌いだ》と宣言するようになるためなのです。そう言いたければいつでも貴女はそう言う権利があるのですよ。なぜなら、貴女は《理想主義者》なのですから。——そして、理想主義というものを、私は本能と化した一個の不誠実、どんな犠牲を払っても現実を見まいとする意志として扱ってきました。つまり、私の著述のあらゆる文章が理想主義への軽蔑《けいべつ》を孕《はら》んでいるのです。……貴女は私の《超人》の概念から——私が断じて許し得ないものを——またしても《高等ぺてん》を、拵《こしら》え上げましたね。……私の本の真面目《まじめ》な読者は次のことを知っていなくてはなりません。私に吐気を催させない人間の典型は、かつての理想=偶像の正反対の典型であって、それはキリストのような者よりもチェーザレ・ボルジアのようなタイプに百倍も似ているということをです。」

（36）この新聞は一七八九年に憲法制定議会の討論や政令などを公刊するために創刊された日刊紙。一八〇五年にナポレオン一世の御用新聞となり、パリ最大の発行部数を誇り、一八一四年以後は王党派の重要拠点となった。その後シャトーブリアンが自由派の論陣を張ったこともあるし、ジョルジュ・サンドの連載小説が載ったこともある。第二帝政の下では自由派反政府（野党）のスポークスマンの役を果し、紙面はアカデミックで格調高く、ロスチャイルド家の支援も受けたが、やがて発行部数は七〇〇〇程度に落ち込み、時代の流れから取り残された。第一次大戦期に多少の成功を見るが、結局は一九四四年に終刊となった。

（37）「学ぶということの何という《光明化》、何という恍惚感《エクスターゼ》を、私は貴方の世界統治的な精神に負うていることでしょう。」（ペーター・ガストのニーチェ宛一八八八・十・二五付書簡参照。）

（38）「掉尾文《ちょうびぶん》の大型の様式は、私によってはじめて発見された」と後にも書かれてあるように、この節の掉尾文 Periode 又は Periodik は、ニーチェが自己の文体説明に用いた語として重要である。Periode は Enzyklopädisches Lexikon Deutsches Wörterbuch 1981 によると、「芸術的に構成された、主文と文肢《ぶんし》文《ぶん》とが入り混って組み込まれた文章」。東ドイツの Wörterbuch der deutschen Gegenwartssprache 1972 によると、「芸術的に積み重ねられた、比較的長い文章。美しい形態をした複合文」。いずれもはっきりしない。
「掉尾文」というここでの訳語は次の文章から取った。
　periodic sentence 掉尾文「従属節の後に主節が置かれ、文末の終止ではじめて文が完結する文をいう。附随的・追想的に修飾語句などが後につづく散列文 loose sentence に対する文形式。ときには従属節が重って複雑な構文になることがあり、作者は読者に対し強調を示し、サスペンスを与え、最後まで注意を引き止めておくので、独特で荘重な文体が生み出される。ただ節の長さやリズムの多様性がなければ不自然で誇張的なものになる危険がある。英語における掉尾文はキケロの文体をモデルにして十七―十八世紀の作家に好まれた。（以下、文例がつづく）」『新英語学辞典』研究社一九八二年。

（39）『アンチクリスト』の結びをなす「キリスト教に反抗する律法」第四命題が、そのままここに引用されている。

（40）批評家ハインリヒ・ハルトの一八八七・一・四付ニーチェ宛書簡に、「最近御著『音楽の精神からの悲劇の再生』を二度相次いで《通読》――というより《熟読》というべきかもしれませんが――いたしまして、貴方ほどに芸術と芸術創造の本質に奥深く突き入った者はおそらくいなかったであろう、と思いました。」とあるのが、このような引用の一例である。ハインリヒ・ハルトは自然主義運動の先頭に立ち、一八八〇年代に主に活躍した批評家である。

（41）『悲劇の誕生』第二四節末尾と思われる。ただし、「腹黒い侏儒《しゅじゅ》ども」tückische Zwerge の表現が一致するのみ。

（42）「もしくは、一語でいえば、ニーチェ……」の代りに、最初の印刷用原稿の内容は次の通りであった。「しかし、ヴァーグナーが墜《お》ちて行く日――駄目《だめ》になって行く日がやって来た。彼は自分と和解しようとするものに対してなら、何にでもすべて手を差し出した。彼は《帝国》とも、帝国を後援する《教養》とも、神様とさえ和解したのだ。――ヴァーグナーが聖餐《せいさん》に出掛けて行くというのだ！……ヴァーグナーは私の信用をがた落ちにさせた。」

（43）『グレンツボーテン』（一八七三・十・十七）に出た書評はB・Fという匿名《とくめい》で、「フリードリヒ・ニーチェ氏とドイツ文化」という題であり、『反時代的考察』第一篇に対する手厳しい弾劾《だんがい》を展開している。要約すると、シュトラウスに対するニーチェの攻撃の形式と「ドイツの国家と社会生活に対する著者の憎悪《ぞうお》」とがとくにいかがわしいと述べ、さらに、バーゼル大学はしょせん田舎の小大学で、ニーチェがそこに招聘《しょうへい》されたのも「リチュル教授の手品」であったなどと、個人攻撃まで加えている。B・Fという匿名筆者については、当時『グレンツボーテン』の編集長であった

Hans Blum という説と、ニーチェの妹と後年結婚した相手、悪名高い反ユダヤ主義者 Bernhard Förster という説と、二つある。vgl. R. F. Krummel : ***Nietzsche und der deutsche Geist***, Berlin 1944, S. 20

（44）vgl. Bruno Bauer : ***Zur Orientierung über die Bismarck'sche Ära***, Chemnitz : Schmeitzner 1880 Abschnitt 25. さらに、一八八一・三・二十付ニーチェのペーター・ガスト宛書簡も参照。

（45）フランツ・ホフマンの書評はたしかに好意的であり、しかもニーチェ自身が書いている通り、彼の運命を予言してもいた。ホフマンは「ショーペンハウアーの秀《すぐ》れて卓越した文体を徹底して自分独自の遣《や》り方で獲得した」ニーチェの『反時代的考察』第一篇は「大きな注目に値する批評」であると述べ、次のような暗示的な文章で結んでいる。「……老いさらばえて疲れきったシュトラウスめがけて、怒りの余りの威喝《いかつ》を下したこの本が、もしもゆらゆら燃える藁火《わらび》ではなく、本当の精力に溢れた、偉大な才能に支えられた泉から迸《ほとばし》り出たものであるのなら、著者の無神論のこれからの発達いかんで、影響甚大《じんだい》な一つの危機を招来するかもしれない。」Franz Hoffmanns Besprechung, in : ***Allgemeiner literarischer Anzeiger für das evangelische Deutschland***, 12. Bd., 1873, S. 321-336 S. 401-408

（46）カール・ヒレブラントは『反時代的考察』第一篇が、一八七〇年代のドイツの「国民的自己礼讃《らいさん》」に対する正当な批判であることを認め、同書の言語が「機智に溢れ、生気に満ち、かつ簡潔」であることを評価している。形式の統一を文化と看做《みな》すニーチェの文化観や、ヘーゲルへの彼の敵意に対しては何かと異論を唱えているが、全体としてニーチェの意図が何であるかを予感している、最初のまともな論評であるといえる。Karl Hillebrand ; ***Nietzsche gegen Strauß***. in : Augusburger „***Allgemeine Zeitung***“ Nr. 265 f., 22. und 23. September 1873 ; gedruckt auch in : ***Zeiten, Völker und Menschen***, Bd. 2 „***Wälsches und Deutsches***“, Berlin 1875, S. 291–310

（47）vgl. ***die Einleitung von Prosper Mérimée zu Stendhal, Correspondance inédite***, Paris 1885, IX（ニーチ

エ蔵書）

（48）「対《つい》をなす」ein Paar は、訳者の調査によると、グロースオクターフ版全集、カール・シュレヒタ版全集では「若干数の」ein paar となっている。デ・グロイター版全集による新しい訂正個所と思われるが、「若干数の」では意味をなさないので、ここだけはデ・グロイター版を採用した。

（49）『人間的な、あまりに人間的な』一八七八年版の扉《とびら》に、「本書はヴォルテールの命日一七七八年五月三十日の追悼祭に際し、彼の記念のために捧《ささ》げられる」と表記されていた。

（50）第二節全体は十二月初旬の改稿で差し換えられて現行テキストになった。以前のテキストの全文は次の通りである。

「この本の由来は、第一回のバイロイト祝祭劇が行われた時期にまで遡《さかのぼ》る。バイロイトで私を取り巻いたあらゆる事柄《ことがら》に対する激しい危機感が、あの本を私が書いた前提の一つである。ヴァーグナーの《理想》にまるきり興味がもてず、《理想》が空しい錯覚であることが、当時の私には明々白々であったからばかりではない。私は何よりもまずはっきり見抜いていたのだが、一番彼に近い処《ところ》で運動に参加していた人々でさえ、《理想》など大事ではなかったのだし――彼らにもっと重要視され、もっと熱情的に扱われていたのは、まったく別の事柄であった。おまけに、運動を後援していた紳士方や女どもの哀れむべき一団は――私は傍観者として語っているのではない。私自身が後援者の一人だったからだ。――みな運動にぞっこんいかれてはいたが、うんざりするほど退屈していて、まるきり音楽的ではなく、二日酔いの態《てい》であった。年老いた皇帝こそがその典型である。彼は拍手喝采《かっさい》惜しみなく、傍の副官レーンドルフ伯の方を向いて《もの凄《すご》いぞ！　もの凄いぞ！》と叫んでいる始末だった。――暇をもて余しているヨーロッパの賤民《せんみん》どもが相集っている形である。王侯の誰《だれ》でも彼でもがヴァーグナー家に出入りしているさまは、さながらスポーツ選手か何かを相手にしているみたいだ。そして結局はそれ以上のものではなかった。こうならざるを得ないという口実は昔からあったが、それに加えて、芸術であるからとか何とかいう口実が見つけ出されていた。

つまり面倒な障害をたくさん伴った大オペラだから仕方がないというのである。有無を言わせない秘《ひそ》かな性的魅力を具えたヴァーグナーの音楽の中に人々が見出していたのは、誰もが自分の快楽を追い求める社交サークルのための結合剤であった。それ以外のことは、お望みならこう言ってもよい、それ以外のこの運動の純潔無垢である処、その《理想主義者》たちは、所詮《しょせん》は白痴にほかならないのだ。ノール、ポール、コールの御三方よ。――コール氏に至っては、ご承知の通り、バイロイトの常套句《じょうとうく》づくりの天才だ。――彼らは純血種のほんもののヴァグネリアンで、いいかえれば巨匠が《ごみのように捨てる》ものを何でもかでも恭《うやうや》しくおし戴いて貪《むさぼ》り食べるどうしようもない、呪《のろ》われた一味である。知っての通り、ヴァーグナーの音楽は捨てられたごみから成り立っている。（注　この一行はニーチェが施線で消している。）――何と多くのものを、ヴァーグナーは《ごみのように捨てた》ことであろう！　……公演そのものにはほとんど価値がなかった。完全に神秘めかしてしまったあの音楽を聞いて、私はただもうげんなりするほど退屈した。オーケストラをばかばかしいほど低い位置に移したことで、音楽はまるでもやのように、協和音の、ときに不協和音も混じったもやのように意識に達したにすぎない。ここで《自然への回帰》とか呼ばれる処のもの、言うならば対位法の織り物のすき通って見え隈なく聞きとれること、一つ一つの楽器を特殊な言語の色彩で、いいかえれば彼にのみ自然に適って快適である言語で使用すること（ヴァーグナーはあらゆる楽器を強姦《ごうかん》している――）、楽器一般のこのうえなく乏しい利用、鬱陶《うっとう》しい地下的な本能の挑《ちょう》発《はっ》の代りに示される微妙繊細さ、およそこうしたことが何であるかを、私は後年、ビゼーのオーケストレーションで理解することを学んだ。――これで私の言いたいことはお仕舞いである。私は祝祭劇の真最中に、二、三週間の予定で、大変に唐突に旅に出た。ヴァーグナーへの断りにはただ一通の宿命的な電報を打っただけだった。ボヘミアの森林の奥深くに隠れたクリンゲンブルン村で、私は私のメランコリーをさながら病気のように持ち回った。――そしてその傍ら『鋤《すき》の刃』という総体的タイトルの下に、折に触れ短文を手帖《てちょう》に書き込んでおいた。それらはことごとく苛烈な心理的考察ばかりだが、おそらく『人間的な、あまりに人間的な』の中に、今でも再び見出されるであろう。」

（51）ノール、ポール、コールは三人ともヴァーグナーの芸術に関与した人物。Karl Friedrich Ludwig Nohl（1831-85）はハイデルベルク大学教授だが、音楽学者というよりは音楽ジャーナリストで、ベートーヴェン、モーツァルトに関する著述があり、一八八三年に『国民芸術にとってのR・ヴァーグナーの意義』を出版した。一八八八年にニーチェは彼の書いた『ヴァーグナーの生涯《しょうがい》』を読んでいる。Richard Pohl（1826-96）も音楽ジャーナリストで、狭いバイロイト関係者の一人であり、ベルリオーズやリストとも交渉があった。彼は一八七七年刊の『バイロイト回想』の中で、『反時代的考察』第四篇に触れ、ニーチェを「深い思想家」と呼んでいたが、一八八八年には一転して、攻撃する側に回った。すなわち『音楽週報』に『ヴァーグナーの場合』を取り上げ、「ニーチェの場合」という反語的な題で誹謗《ひぼう》評論を書いた。彼はニーチェを「病人」と決めつけ、ニーチェは音楽的素質がまるでないのに『生への讃歌』を作曲したり、オペラまで書いたが、後者をヴァーグナーから「くだらん仕事」と一蹴《いっしゅう》されたのを根に持って、それが原因でバイロイト運動から離反したのだと述べている。J. G. Kohl は一八七三年に「ドイツ語における擬声語」という評論を書き、その中で、ヴァーグナーの頭韻の技法を支持していた。注（50）にある、コールは「バイロイトの常套句づくりの天才だ」については、詳細不明。vgl. Krummel, a. a. O., 71S. ; Curt Paul Janz, *Friedrich Nietzsche.* Bd.2,S. 361

（52）この書のドイツ語の原題 Die fröhliche Wissenschaft は今まで『悦ばしき学問』『悦ばしき知識』『華やぐ知慧《ちえ》』などと訳され、定訳がない。前二者はともあれ、『華やぐ知慧』は完全な誤訳で、今後は使われるべきではない。ニーチェ自身がドイツ語の題だけで据わりが悪いので、la gaya scienza という南仏プロヴァンスの吟遊詩人からの由来を思わせる副題を添えていたが、訳者が中世フランス文学の専門家の協力を得て調べて来た現段階では、la gaya scienza という語のもともとの出所は今なお不明である。

(53) 「プリンツ・フォーゲルフライの歌」の一番最後の詩。ミストラルは有名な、プロヴァンス地方に吹く乾燥した北西風。ニーチェのガスト宛《あて》一八四四・十一・二二付書簡参照。

(54) デ・グロイター版では、ここは「忘れ難い人、ドイツ皇帝フリードリヒ三世」となっている。

(55) 「三番目……」以下、この節の終りまでの個所を、ニーチェは十二月末に、以下に訳出する文章と取り換えるように、ナウマン書店に指示した。以下の文章は、内容からみて、母と妹への嫌悪感《けんおかん》をあからさまに表明した、デ・グロイター版採用の、「なぜ私はかくも賢明なのか」第三節と関《かか》わりがある、と判断される。

「最も奥深いところで私と同質同類でないものが、あの当時、情容赦もなく私に敵対するようになって来た。彼らには私の孤独に対する畏敬《いけい》の気持なんかもうない。ツァラトゥストラの恍惚感の只《ただ》中《なか》にいる私の顔めがけて、両手一杯の狂暴さと毒とを投げつけてくる。――私はいま毒と言ったが、それでもまだ媚《こ》びた言い方になるほどだ。何かもう少し別のものなのである。厭《いや》な臭《にお》いのするものなのだ（注「私はいま毒と言ったが」以下ここまではニーチェが後から補った文）。……私はわが生涯の最も不気味な経験、わが生涯の中に気紛れに破壊的に食い込んできた唯一のひどい経験について言及することにする。私が自分の運動の巨怪さに悩んだあらゆる瞬間において、何ごとか極端な下品不作法が私めがけて跳びかかって来たものだった。この経験は今や七年もつづいている。価値の価値転換を私がなし遂げたときもやはり、この経験に見舞われるであろうことが私には分っていた。――心理学者はこれほどの無防備、これほどの無保護の状態はまたとあるまいと、付け加えもしよう。運命である処の人間を殺害する手段がそもそもあるとするならば、毒蝿《どくばえ》どもの本能がこの手段を言い当てている。偉大さを持つ者にとって、小っぽけなものとの戦いは考えられない。従って、小っぽけなものが支配者となる。」

ナウマン書店に宛てた紙片には「テキストの中の新しい節」の指示があり、その紙片の裏には、次のような書きかけの断片がある。この部分は十二月初旬の改稿時点で、線を引いて抹消《まっしょう》されていた。復元すると、しばらく読み取れない文字があり、次のようにつづく。

「――そして、こういうことが起こった。ある日私はすべての問題を片づけていた。私は命拾いをしていた。生きんとする最も奥深い、治癒力《ちゆりょく》のある本能から外へ脱け出てみると、何かよそよそしい感情、私をもはや誰も理解していないという全面的事実が、一枚の薄いヴェールのように私の上にのしかかった。あの頃、私が『ツァラトゥストラ』の生みの親であることを、そうしようと思えば誰だって私に証明することが出来たであろうに。私がそう思っているかどうかさえ誰も知らないのだ！　いずれにせよ、私は『ツァラトゥストラ』の本をもう目にしようと思わなかったし、二、三年の間所持してもいなかった。実際、この点において自分の目を覚ますのは、私には危険なことだった。ある不用意な瞬間に、私はオーバーエンガディーンの静寂の真只中で、あの本の印刷全紙を再び目にしてしまったのだが、自分の上にがらがらと倒壊してくる感情の威力が余りにも強かったので、私はわっとばかりに号泣し、二日間病いの床についてしまった。」

絶望の深さを物語る情景だが、ニーチェも流石《さすが》に抑制して、この文章は抹消した。これとは別だが、植字工に当てた「ここに挿入！」という指示書きの上の、ニーチェによって千切られた紙の縁に、「毒を盛った手紙をたくみに計算して配分する（体系的に供給する）ことで、一人の隠棲者《いんせいしゃ》を殺害するのは、少しも難しいことではない。」の一文が書かれているのも、注目に値する。なお、デ・グロイター版全集の編者は、メータ・フォン・ザーリス宛のニーチェの手紙「……私の妹は私の誕生日に、《兄さんは〝有名人〟になりたいと思い始めているわね。……兄さんのことを信じている素敵な賤民が現われることになるでしょうよ》とひどい嘲《あざけ》りの調子で、私に宣言したものでした。……こういうことが今や七年間もつづいているのです。」に着目し、七年という同一の文字から、本注の引用文における「毒」「下品不作法」「毒蠅」「小っぽけなもの」「毒を盛った手紙」等々が、妹並びに母に関係あるものと推理している。

ことで、ニーチェはコージマ・ヴァーグナー宛の書簡草案の中で、彼女に『この人を見よ』の一部を献呈する挨拶《あいさつ》の傍《かたわ》ら、この本の中では世間はみな冷遇されていて、「マルヴィーダ夫人もクンドリイとして登場します。」と書いていた。クンドリイというのはヴァーグナー『パルジファル』の副人物で、第二幕において、苦難の道程にあるイエス・キリストを笑ったために救いのない不死の宿命を負わされた人物。ニーチェはペーター・ガスト宛の書簡（一八八八・十一・二六付）で、「最近私は『この人を見よ』のある決定的な個所でマルヴィーダ夫人を、例の笑ったクンドリイとして登場させることを思いつきました」と語っていた。ところで、その「決定的な個所」とは『この人を見よ』のまさにここであったと考えられる理由がある。ニーチェはこの個所で、人類の運命を肩に担っている、責任の重い困難な自分について語っている。そういう自分を笑ったマルヴィーダを許せず、彼女をイエスを笑ったクンドリイになぞらえ、自分をイエスに擬しているポーズを示そうとしたためと思われるからである。ところが、「決定的な個所」となるはずだったここに、クンドリイを比喩として用いた十分な展開は行われなかった。「つい今しがたも」以下、この節の終りまでは、印刷用原稿では、何者かの手によって消されている。

（67）この一行はペーター・ガストのニーチェ宛一八八八・十・二五付書簡の「貴方が出現してやっと再び、もろもろの希望が成立するようになったのです。」に、触発されたものと考えられる。

（68）第三節に関しては、本書「序言」第四節及び『ツァラトゥストラ』に関する章の第一節を参照。

（69）不明。

（70）「周期性痴呆」folie circulaire については、vgl. Ch. Féré, *Dégénérescence et criminalité*, Paris 1888（ニーチェ蔵書）。「周期性痴呆」の使用例は、『道徳の系譜』第三論文、及び『アンチクリスト』第五一節。

解説

西尾幹二

『この人を見よ』はニーチェ最後の著作である。

一八八八年十一月中旬頃《ころ》までにこの本の原稿が完成し、書店に送られ、いち早く印刷に付された。ニーチェは初校を十二月十八日に、再校も二十七日頃までに見終えて、それぞれ書店に送り返している。しかし原稿が完成してから年末までのこの一カ月半にわたって、変更と追加が絶え間なく行われ、本書の成り立ちをきわめて複雑にした。とりわけ、再校を送り返した後になって、トリノにいたニーチェがライプツィヒの書店に、原稿の新たな差し換えを命ずる「数葉の紙片」を送ったことが、ぎくりとさせるその内容とも相いまって、本書のその後のテキスト・クリティークを大変に困難にしたのである。

しかし、ライプツィヒの書店は「数葉の紙片」を読んで、ニーチェの母と妹への拒絶反応が余りに激しい内容なのに驚き、扱いに苦慮して、暫《しば》らく様子を見守ることにしている間に、ニーチェの乱心の情報がトリノから書店に届けられた。後日、一八八八年の年末から八九年初頭が、彼の精神が深い闇《やみ》に沈んだ境い目と判定されている。しかし、何日の何時から正気を失ったというような明確な線は勿論《もちろん》引けない。

書店はただちに出版を見合わせることにし、「数葉の紙片」は机の抽出《ひきだ》しに収められたまま、約三年が経過した。

『この人を見よ』がドイツの読書界に現われたのは、はるかずっと後の時代になってからで、著者の精神が崩壊した年から数えて十九年、死後からも八年経《た》つ一九〇八年のことであった。

その間に、「数葉の紙片」は、ニーチェの弟子ペーター・ガストの手で書店の抽出しから持ち出され、妹エリーザベト＝フェルスター・ニーチェの手に渡った。一九〇二年二月頃のことである。ガストはこの機会を利用して「数葉の紙片」のコピーを作成したが、妹は母とも合意の上で、これを世間に知らせまいとして、破り棄《す》てた。従って、一九〇八年に出版されてから第二次大戦後に至るまでずっと版を重ねて来た従来の『この人を見よ』は、基本的にはニーチェが自分の責任で校正したテキストに基《もと》づいているのであって、「数葉の紙片」は考慮されていない。

ところが、近年になってこの「数葉の紙片」のうちの一枚が発見されたのである。

ペーター・ガストの遺稿の中にこのコピーが一枚保存されていたのだった。

ニーチェの膨大量の遺稿やノートや断片群は第二次大戦後東ドイツのワイマルに保管されていたので、西ドイツ人は容易に近づけず、結局、全原稿を時代順に、作為なしで活字にする実証的大全集の編纂《へんさん》は、二人のイタリア人学者、コリーとモンチナリの両氏によって推進、実行された。ことにモンチナリ氏はワイマルに数年移り住んで、困難なテキストの解読に励んだ。私の推量ではあるが、恐らく氏は「数葉の紙片」の一枚を発見したとき、小躍りして喜んだのではないかと思う。氏がさながら世紀の大発見であるかのごとくにこれを喧伝《けんでん》し、新全集の価値あるテキスト変更の目玉として採用したことは、なおわれわれの記憶に新しいからだ。

コリー、モンチナリ両氏による実証的な新ニーチェ決定版全集は、西ベルリンのデ・グロイター社から刊行され、日本では白水社が全訳出版を引き受けて、現在二期二十四巻が完結している。この中で『この人を見よ』の翻訳を担当したのは私であり、「数葉の紙片」その他による、何個所《かしょ》かに及ぶイタリア人学者のテキスト変更を、もとより私は継承して、翻訳している。一番大きな、決定的な変更個所は、「なぜ私はかくも賢明なのか」第三節の全面入れ換えである。

しかし私は、白水社版の同訳書（第Ⅱ期第四巻）の解説（八）において、モンチナリ氏らの「数葉の紙片」採用に基くテキスト改訂の方針にまったく同意できない旨《むね》、自説を詳しく展開しておいた。「数葉の紙片」が書かれたのは十二月二十九日であり、ニーチェがこのときなお正気だったか、狂気だったか、あるいは瞬間ごとに両方の間を揺れ動いていたかは、何びとによっても窺《うかが》い知れない。だとしたら、ニーチェ自身が自分の責任で再校まで見て、書店においても校了済みと見做《みな》されていた十二月二十七日までのテキスト――一九〇八年の初版本がほぼこれに基く――をあくまで定本とすべきであり、その後「数葉の紙片」のコピーが一枚だけ発見されたのなら、注として印刷し、読者の参考に供すれば済むことであろう、と私は解説の中で主張している。

私はデ・グロイター版に制約されない新潮文庫版の本書の刊行を、この方針で貫いている。

デ・グロイター版全集の新しい変更個所は、本書においてはことごとく注の形で明示されている。

すなわち注(5)(6)(8)(9)(26)(30)(54)(60)(66)の九個所である。言うまでもなく最も重要なのは(8)、「なぜ私はかくも賢明なのか」第三節の全面入れ換えであったが、どうか読者は、私の説とモンチナリ氏の新発見といったいどちらが自然で、無理がないか、すなわち本書の第三節と注(8)の第三節と、どちらが第二節と第四節の中に素直に、破綻《はたん》なく収まるか、試みにつなげて虚心に読んでみて頂きたい。

こういう判断は、要するに、最終的には常識が唯一《ゆいいつ》の武器である。

コリー、モンチナリ両氏の実証に賭《か》けた莫大《ばくだい》な努力と、それに基くデ・グロイター版全集の大規模な資料再現への意志と、従って同時に白水社版翻訳全集の持つ研究史上の重要な価値とは、比類ない性格のものなのだが、ただ『この人を見よ』のこの点に関する限り、何か人目に立つ新味を打ち出そうという新全集編纂者の野心が表に出すぎたように思えるのである。つまり、手柄《てがら》を立てようとした学者の勇み足である。

そこで、本書では、デ・グロイター版『この人を見よ』の数多くの実証の成果は、ことごとく注の形態で表示し、テキストそのものは旧に復し、グロースオクターフ版やカール・シュレヒタ版におおむね依拠することとした。

ところで、ニーチェにおける狂気と正気との関《かか》わりであるが、われわれはゴッホやストリンドベリやその他の例にも見られるように、この種の問題を決して一面的に考えてはならない。最後の破局まで、正気は狂気と戦っているからである。狂気の淵《ふち》のそば近くまで歩み寄ることによって、正気はかえって明晰《めいせき》になり、洞察の目はますます深く、ますます鋭く物事の核心を捉《とら》えるというきわどい関係がここにはある。ニーチェの作品はおおむねそうだが、『この人を見よ』は特にそういう尖鋭《せんえい》な性格が際立《きわだ》っているといっていい。

本書の終章「なぜ私は一個の運命であるのか」の直後に付け加えられる予定であった、書きかけの草案が幾つか残っている。「ホーエンツォレルン王家への果たし状」という題の、王室とビスマルクへの攻撃文もなかにはあるが、その余りにストレートな、一本調子の檄文風《げきぶんふう》の表現に、私はすでに精神のある異変の始まりを予感している。最晩年のニーチェは要するに反体制の一個の過激派だったのだ。草案の一部が不敬罪を恐れた母親の手で焼却されていることからも、彼の行き過ぎは分る。けれども、そのようなラディカリズムに支えられてこそ、ニーチェは他面において、十九世紀後半のこの国に特有の独特の歪《ひず》み、「帝国ドイツ的体質」を完膚《かんぷ》なきまでに剔抉《てっけつ》し、予言することが出来たのである。狂気がこのように背後にあって、むしろ正気を純化している。本書の「ヴァーグナーの場合」を取り上げた章の第二節を見て頂きたい。この中でニーチェは、後日ナチズムのイデオロギーとなったドイツのあらゆる要素を早くも嗅覚《きゅうかく》鋭く摑《つか》み出し、否定している。国家偶像視、ドイツ狂、純血主義、反ユダヤ主義などを危険の芽として予知的に喝破《かっぱ》する先見の明は、一八八〇年代という年代からすれば驚くほど早い。

他方、本書におけるニーチェのあらゆる形態の自己礼讃《らいさん》は、一種のアイロニーと解すべきである。「なぜ私はかくも良い本を書くのか」などと堂々と公言できる無邪気さ（あるいは無邪気さの自己演戯）は、誰《だれ》にでも出来るものではない。ニーチェはこの章の第二節で、町の葡萄《ぶどう》売りの老婆《ろうば》がつねづね自分に最も甘い房を探してくれるということを自慢して――事実はトリノの街路をうろつく乞食《こじき》博士のような中年の男を老婆が憐《あわ》れんでのことであることは明らかであるのに――、「哲学者たるものはざっとこれくらいにならなけりゃあ駄目《だめ》である。」などと妙な所で威張ってみせるほほ笑ましさは、じつに堂に入った自己諷刺《ふうし》の一形式であって、本書の最も魅力ある語り口の一つである。しかしまた、『ツァラトゥストラ』を扱った章の第六節で、このアイロニーの緊張の糸はプツンと切れて、おやっと思うおかしな言葉を口走っている。すなわち、ゲーテやシェイクスピアのような人でさえ、『ツァラトゥストラ』の高さに置かれたら、一瞬たりとも呼吸は出来ないであろう、と。このような手放しの己惚《うぬぼ》れは、明らかに理性が喪《うしな》われていく徴候の一つである。

以上のように『この人を見よ』は、正気の中に微量の狂気が早くも混じり、また隠れた狂気のお蔭《かげ》で正気の認識がかえって一層の鋭さを増し、深みに達し、まったく新しい認識の地平を拓《ひら》く一方、やがてその限界のラインをも越えて、狂気そのものが誤魔化《ごまか》しようもなく露呈し、一切を呑《の》み込んでいく、というプロセスを辿《たど》っている。

正気とか、狂気とか、読者はつまらぬ区別立てにこだわらずに、虚心に一語一語を噛《か》みしめて読んでみればいい。自分の心の奥のまた奥を見通す、肺腑《はいふ》を突く言葉の数々に必ず出会うだろう。そしてその言葉の持つ真実に魂の打ち震える思いをしない読者は――心ある読者であるならば――恐らくいないであろう。

『この人を見よ』の原題である Ecce Homo は、ヨハネ伝第十九章の五にある言葉で、荊棘《いばら》の冠をいただいたイエス・キリストの受難像を指す。紫衣《しえ》をまとった捕われ人イエスをユダヤの兵士たちは表に引き出し、平手で打ち据《す》え、祭司たちは彼を十字架に付けよ、と口々に罵《ののし》ったが、このとき、ピラトの口から思わず飛び出した言葉が、「この人を見よ！」だった。

キリスト教を激しく弾劾《だんがい》していた最晩年のニーチェが、イエスその人を強く意識していたことは紛れもない。自分をイエスにある意味で擬《なぞら》えていたことも、まず疑いを入れない。

ニーチェはイエスを嫉妬《しっと》していたのだ、というような文学的に洒落《しゃれ》た言い方を私は好まないが、ニーチェが自分を受難者の一人と見ていたことは間違いない。

ただ、そこに悲愴《ひそう》さは少しもない。いっさいの報復感情に無関心で、内攻的復讐感情《ルサンチマン》をことごとく超え出たイエスの自由感、超越感をニーチェは高く評価していたが、決してそれを神聖視してはいなかった。彼はそれを『アンチクリスト』の中で、触感が病的なほど鋭敏になり、あらゆる現実を本能的に憎悪《ぞうお》する一種の生理学的特異体質の現われと解釈していた。

従って彼がイエスに自分を模して「この人を見よ！」と言うのもまた、読者諸氏よ、どうか欺《あざむ》かれてはならない、ニーチェの自己演戯、きわめて真剣な自己韜晦《とうかい》なのである。

「なぜ私は一個の運命であるのか」の冒頭で、ニーチェ自身がすでに次のように言っている言葉に、われわれは素直に耳を傾けることにしようではないか。

「私は人間ではないのである。私はダイナマイトだ。――が、そうは言っても、私の内部には宗教の開祖めいた要素はみじんも見られない。――宗教などは愚衆の所管事項である。……私自身は『信者』などというものを欲しくない。思うに私は甘い人間ではないので、自分で自分を信仰するということが出来ないのだ。私は決して大衆相手には語らない。……いつの日にか人から聖者と呼ばれることがあるのではないかと、私はひどく恐れている。――」

右の言葉に、本書におけるニーチェの人間世界への姿勢がいわば象徴されている。

（一九九〇年二月）

本書は昭和六十二年二月刊行第Ⅱ期「ニーチェ全集」第四巻（白水社版）を底本とした。

ニーチェ
竹山道雄訳

ツァラトストラかく語りき（上・下）

ついに神は死んだ――ツァラトストラが超人へと高まりゆく内的過程を追いながら、永劫回帰の思想を語った律動感にあふれる名著。

ニーチェ
竹山道雄訳

善悪の彼岸

「世界は不条理であり、生命は自立した倫理をもつべきだ」と説く著者が既成の道徳観念と十九世紀後半の西欧精神を批判した代表作。

カフカ
高橋義孝訳

変身

朝、目をさますと巨大な毒虫に変っている自分を発見した男――第一次大戦後のドイツの精神的危機、新しきものの待望を託した傑作。

カフカ
前田敬作訳

城

測量技師Kが赴いた〝城〟は、厖大かつ神秘的な官僚機構に包まれ、外来者に対して決して門を開かない……絶望と孤独の作家の大作。

カフカ
頭木弘樹編訳

絶望名人カフカの人生論

ネガティブな言葉ばかりですが、思わず笑ってしまったり、逆に勇気付けられたり。今までにはない巨人カフカの元気がでる名言集。

中村能三訳

サキ短編集

ユーモアとウィットの味がする糖衣の内に不気味なブラックユーモアをたたえるサキの独創的な作品群。「開いた窓」など代表作21編。

カミュ
窪田啓作訳
異邦人
太陽が眩しくてアラビア人を殺し、死刑判決を受けたのちも自分は幸福であると確信する主人公ムルソー。不条理をテーマにした名作。

カミュ
清水徹訳
シーシュポスの神話
ギリシアの神話に寓して〝不条理〟の理論を展開、追究した哲学的エッセイで、カミュの世界を支えている根本思想が展開されている。

カミュ
宮崎嶺雄訳
ペスト
ペストに襲われ孤立した町の中で悪疫と戦う市民たちの姿を描いて、あらゆる人生の悪に立ち向うための連帯感の確立を追う代表作。

カミュ
高畠正明訳
幸福な死
平凡な青年メルソーは、富裕な身体障害者の〝時間は金で購われる〟という主張に従い、彼を殺し金を奪う。『異邦人』誕生の秘密を解く作品。

カミュ・サルトル他
佐藤朔訳
革命か反抗か
人間はいかにして「歴史を生きる」ことができるか——鋭く対立するサルトルとカミュの間にたたかわされた、存在の根本に迫る論争。

カミュ
大久保敏彦
窪田啓作訳
転落・追放と王国
暗いオランダの風土を舞台に、過去という楽園から現在の孤独地獄に転落したクラマンスの懊悩を捉えた「転落」と「追放と王国」を併録。

ゲーテ
高橋義孝訳
若きウェルテルの悩み

ゲーテ自身の絶望的な恋の体験を作品化した書簡体小説。許婚者のいる女性ロッテを恋したウェルテルの苦悩と煩悶を描く古典的名作。

ゲーテ
高橋義孝訳
ファウスト（一・二）

悪魔メフィストーフェレスと魂を賭けた契約をして、充たされた人生を体験しつくそうとするファウスト――文豪が生涯をかけた大作。

高橋健二訳
ゲーテ詩集

人間性への深い信頼に支えられ、世界文学史上に不滅の名をとどめるゲーテの、抒情詩を中心に代表的な作品を年代順に選んだ詩集。

高橋健二編訳
ゲーテ格言集

偉大な文豪であり、人間的な魅力にもあふれるゲーテ。深い知性と愛情に裏付けられた言葉の宝庫から親しみやすい警句、格言を収集。

サガン
朝吹登水子訳
ブラームスはお好き

美貌の夫と安楽な生活を捨て、人生に何かを求めようとした三十九歳のポール。孤独から逃れようとする男女の複雑な心模様を描く。

サガン
河野万里子訳
悲しみよ　こんにちは

父とその愛人とのヴァカンス。新たな恋の予感。だが、17歳のセシルは悲劇への扉を開いてしまう――。少女小説の聖典、新訳成る。

ドストエフスキー
木村　浩訳
白　痴（上・下）

白痴と呼ばれる純真なムイシュキン公爵を襲う悲しい破局……作者の〝無条件に美しい人間〟を創造しようとした意図が結実した傑作。

ドストエフスキー
木村　浩訳
貧しき人びと

世間から侮蔑の目で見られている小心で善良な小役人マカール・ジェーヴシキンと薄幸の乙女ワーレンカの不幸な恋を描いた処女作。

ドストエフスキー
千種　堅訳
永遠の夫

妻は次々と愛人を替えていくのに、その妻にしがみついているしか能のない〝永遠の夫〟トルソーツキイの深層心理を鮮やかに照射する。

ドストエフスキー
原　卓也訳
賭博者

賭博の魔力にとりつかれ身を滅ぼしていく青年を通して、ロシア人に特有の病的性格を浮彫りにする。著者の体験にもとづく異色作品。

ドストエフスキー
江川　卓訳
地下室の手記

極端な自意識過剰から地下に閉じこもった男の独白を通して、理性による社会改造を否定し、人間の非合理的な本性を主張する異色作。

ドストエフスキー
原　卓也訳
カラマーゾフの兄弟（上・中・下）

カラマーゾフの三人兄弟を中心に、十九世紀のロシア社会に生きる人間の愛憎うずまく地獄絵を描き、人間と神の問題を追究した大作。